图书在版编目（CIP）数据

平江路志 /《平江路志》编纂委员会编. -- 苏州：古吴轩出版社, 2023.6
ISBN 978-7-5546-1836-3

Ⅰ. ①平… Ⅱ. ①平… Ⅲ. ①区（城市）－地方志－苏州 Ⅳ. ①K295.35

中国版本图书馆CIP数据核字（2021）第220808号

责任编辑：李爱华
见习编辑：祝文秀
装帧设计：韩桂丽
责任校对：周　娇
责任照排：青　裳　刘　浩　殷文秋

书　　名：平江路志
编　　者：《平江路志》编纂委员会
出版发行：苏州新闻出版集团
古吴轩出版社
地址：苏州市八达街118号苏州新闻大厦30F
电话：0512-65233679　　邮编：215123
出 版 人：王乐飞
印　　刷：南京凯德印刷有限公司
开　　本：787×1092　1/16
印　　张：16
字　　数：251千字
版　　次：2023年6月第1版
印　　次：2023年6月第1次印刷
书　　号：ISBN 978-7-5546-1836-3
定　　价：160.00元

如有印装质量问题，请与印刷厂联系。025-84713186

《平江路志》编纂委员会

《平江路志》编辑部

序

盛世修志。

我们见过市志、县志、区志、镇志、村志。为一条街修志，虽不是绝无仅有，却也是凤毛麟角，十分少见。

平江路是苏州迄今保存最完整、规模最大的历史街区，堪称苏州古城的缩影。曾经，它旧了，老了，残破了，虽然始终古韵犹存，但是它和许许多多的历史遗存一样，差一点被淹没了、被忘却了。

所幸新的时代来了。

今天，平江路重新焕发了生命的活力，世俗的烟火气仍然在这里弥漫，同时，挖掘出了更多的历史信息，渗透出更多的文化蕴意，并且将适度的商业行为按照“平江路模式”铺陈开来。

今天，平江路上，“最江南”“最苏州”的气息，最经典最独特的品格，回荡在每一条小巷、每一座老宅之间，这里的一砖一瓦、一桥一坊，这里的每一个角落，都被姑苏千年道德文章熏陶，被名人的气质浸透，与此同时的每一个日日夜夜，平江路又将它吸纳的这些气息经久不衰地散发开来，弥漫开来，让它们布满在土壤和空气中。

这样的生生不息，平江路，便成为处处燎原的发源地了，在史册的每一页，我们都能看见有浓浓的文化氛围从这里升腾起来；在过往的每一天，我们都能感觉故人的精气神在这里。

今天的平江路，已经告别了“蚁害水患、三桶一炉、网线缠乱、岌岌可危”的“衰败”之状，了不起的苏州人，立理念，倾全力，使平江路重新成为精彩、精致的水陆并行的世界，重新描绘出了独一无二的平江路的全新的盛世繁华图。

盛世修志。《平江路志》应运而生。

《平江路志》，一册在手，平江路一切的一切，历历在目。

《平江路志》就是一部关于平江路、关于苏州古城的万宝全书，里边应有尽有，你想要找什么，请打开它，你走进去，一切都在。

街巷里弄：36；河道桥梁：41；园林：6；名人故居：16；会馆寺庙：7；博物馆：7；学校书店：11；市肆商家：15；人物传记：32；还有史略、保护更新、文汇；等等。

这些数字里，承载着满满的爱和责任。

它们不仅仅是数字，它们不仅仅是统计，它们是历史的沉淀，是文化的积累，是习俗的展示，是社会的发展，是建制的变革，是人物的影响，等等。《平江路志》容量之浩大，收集资料之全面，文字组织之完善，令人惊叹。举此大力修一条街志，实属不易，令人钦佩。

所以你看，平江路，它是一条街吗？

它仅仅是一条街吗？

当然，它当然就是一条街，但它又不仅仅是一条街，它是一种格局，是一派风光，是我们梦回萦绕的乡愁所在。

《平江路志》，得力于平江路丰厚土壤的滋养；《平江路志》，来自人们对平江路的热爱；《平江路志》，是苏州人民站在今天向未来致敬的最好的方式。

范小青

凡　例

1. 本志以马克思列宁主义、毛泽东思想、邓小平理论、“三个代表”重要思想、科学发展观、习近平新时代中国特色社会主义思想为指导，遵循辩证唯物主义和历史唯物主义原则。

2. 本志所载范围是指以平江路为中线，东至外城河、西至临顿路、南至干将东路、北至东北街河的一片区域。书中称“平江路区域”。

3. 本志是平江路首部志书，上限向前追溯至事物发端，下限至2022年12月31日，部分图片下限延至2023年6月。本着详今明古原则，侧重于近百年史实。

4. 本志采用条目体，设类目、条目、子目三个层次，横分门类为类目，以条目为基本实体，子目分述较醒目。本志以历史文化为主设类，不面面俱到，一般意义上的管理机构等内容略而不载。

5. 本志综合运用述、记、志、传、图、表、录等体裁，以志体为主，其他形式相配合，灵活运用。

6. 本志横分类目中的条目有可能事涉其他条目，为简明扼要，避免重复，采用互见法，在相关联处括注如下：（参阅：某类目“某某”条）。

7. 本志对频繁出现的名称，首次出现用全称并括注简称，其后用简称，如明卢熊《苏州府志》（简称“卢《志》”）、范广宪《吴门坊巷待輶吟》（简称“范《坊巷吟》”）等。

8. 本志人物按生不立传惯例，以生年为序。

9. 本志使用规范的现代语体文记述。力求朴实、严谨、简洁、流畅、优美，具有较强可读性。

10. 本志引用的历史上的计量单位，考虑到当时社会使用习惯，全书不做统一换算。

11. 本志纪年，中华民国前使用朝代纪年，括注公元年份；其后均使用公元纪年。以年代计的，前加某世纪。

①春意盎然的河道
②小巷深处的茶社
③夜色中的平江路
④河边斑驳的旧墙
⑤景致典雅的花窗
⑥渡口停泊的游船
⑦商铺悬挂的灯笼
⑧沿河休闲的清吧

③

④

⑦

⑧

目　录

平江史略

宋代，升苏州为平江府，“平江”作为地方行政单位名沿用至元代。南宋时，刻绘《平江图》详细记录当时城市风貌。后来，“平江”作为地名保留下来，便有了平江路。

平江府

《宋史纪事本末》卷六标题“平江南”，记载宋太祖赵匡胤平定江南的战事。五代十国后期，南唐以长江为界向宋称臣，《宋史纪事本末》载：“因上表乞去国号，改‘唐国主’为‘江南国主’，‘唐国印’为‘江南国主印’。”吴越钱氏于开宝八年（975）改中吴军为平江军，行军司马孙承祐为平江军节度使。

《宋史·地理志》载：“平江府，望，吴郡。太平兴国三年，改平江军节度。本苏州，政和三年，升为府。”《苏州市志》（1995年版）“建置”卷载：“宋政和三年（1113），以苏州为帝节镇，升为平江府，领吴、长洲、昆山、常熟、吴江5县，苏州称平江始此。”

元代实行行省制，行省是地方最高的行政单位，行省之下，设有路、府、州、县。元至元十三年（1276）改平江府为平江路。元至正二十七年（1367），明将徐达等攻破平江城，改平江路为苏州府。

《平江图》

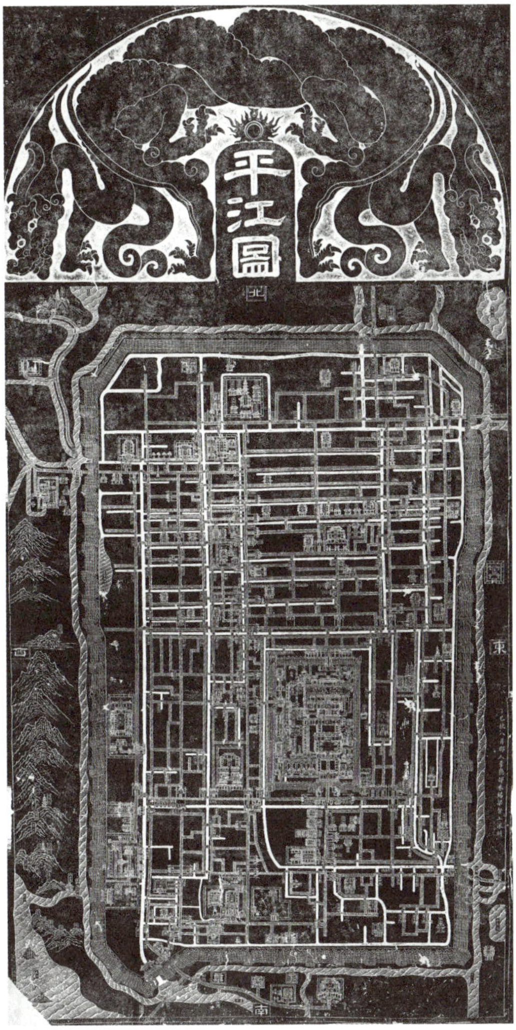

《平江图》碑

南宋建炎四年（1130），金兵南下，平江城遭到极大破坏，几乎全城皆毁。绍兴年间，平江军民励精图治，重建平江城。至绍定初，城区的重建工程基本竣工，形成街衢井然、河道纵横、殿宇巍峨、坊市繁荣的局面。

绍定二年（1229），李寿朋新任知府，正值建炎毁城一百年，即主持刻绘《平江

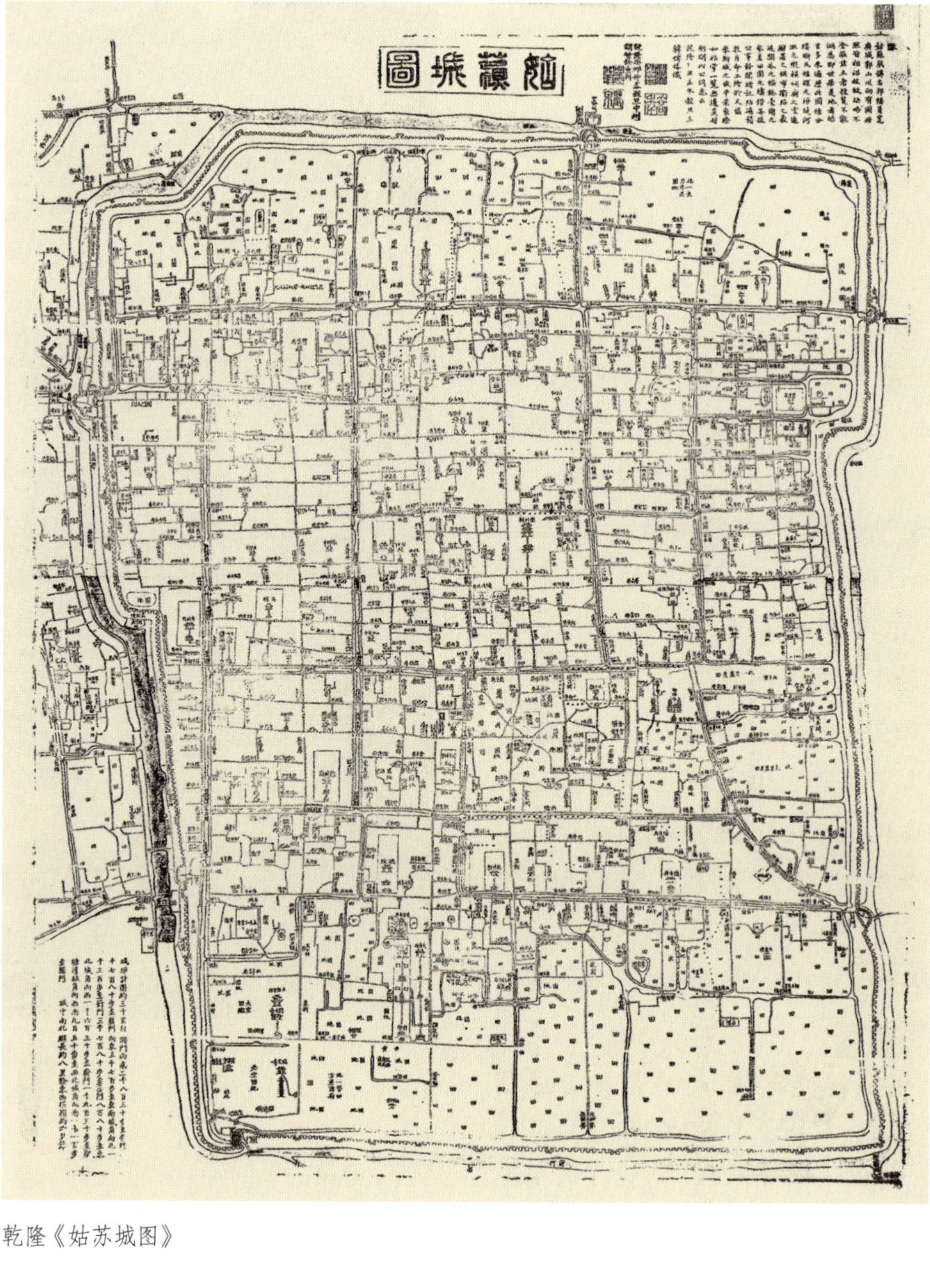

乾隆《姑苏城图》

图》，勒石成碑。此碑为中国至今保存最完整的古代城市图。碑高2.84米、宽1.45米，刻绘了城墙、街道、河道、坊市、衙署、学校、楼阁、寺观、街坊、药局、营寨、桥梁、园林，以及城外运河、驿馆、山川、古迹等，展示了一座井然有序的古代城池全貌。1961年，《平江图》等4方宋碑被列为全国重点文物保护单位，现存于苏州碑刻博物馆。对照《平江图》，今苏州古城东北部河街并行的双棋盘格局，与图上几乎一致。

平江路名

平江路路名，源自宋平江府、元平江路建置。其得名不晚于清初，据乾隆《长洲县志》卷首《学宫图》标示，在长洲县学的西侧有一条南北向大道，标“平江大路”四字。又据乾隆十年（1745）《姑苏城图》标示，第四直河东侧，南起苑桥、北接百家巷，标“平江路”三字。此路东与仓街、西与临顿路平行，与今平江路重合。据顾震涛《吴门表隐》载，平江路上有十口古井，故又称十泉里。

平江区

1951年10月18日，苏州市城区建立东、南、西、北、中5个区人民政府。1955年10月1日起，东区改称平江区，南区改称沧浪区，西区改称金阊区，北区改称北塔区，中区改称观前区。1956年7月2日撤销观前区，1958年7月8日撤销北塔区，其所辖部分街道先后划归平江区。1966年11月，平江区改称东风区。1979年6月复名为平江区。2012年10月，平江区、沧浪区、金阊区合并，成立姑苏区。

平江街道

1958年7月，设立平江区平江路街道。1966年，更名为前进街道。1972年10月，复名为平江路街道。2002年9月，平江路街道、东北街街道合署办公。2003年4月，平江路街道、东北街街道合并，设立新的平江路街道，北寺塔街道齐门社区居委会外城河以南、东北街河以北、齐门河以东的区域划归平江路街道。2012年12月，更名为平江街道。2017年3月，平江街道、观前街道、娄门街道合并，设立新的平江街道。

保护更新

20世纪80年代以来，各级党委、政府高度重视苏州古城的保护与更新，平江路区域堪称古城缩影，备受重视。经过持续多年的努力，如今的平江路区域河道纵横、桥梁密布，街巷交错而净美，建筑古朴又重焕生机，居民安居乐业，游客熙来攘往，完好保存了旧时风貌，形成融传统商业、旅游、文化、居住等功能为一体的特色街区。

中国历史文化名城

周敬王六年（前514），伍子胥受吴王阖闾之命，相土尝水、象天法地，筑造苏州古城。历经2500多年，苏州古城依然坐落在原来的城址上，城市格局基本完整，城市风貌依然保存。著名历史学家顾颉刚说“苏州城之古为全国第一，尚是春秋时物”。苏州古城东北隅，有一片历史原貌保存较为完整的区域，基本延续了宋代以来的街坊格局和“水陆并行，河街相邻”的双棋盘格局，堪称苏州古城的缩影，这便是本志所载的平江路区域。

20世纪50年代，苏州城市定位由“消费型城市”转为“生产型城市”，强调利用城市空间走工业化道路，古城历史风貌遭到破坏，出现了部分古城城墙和城门被拆除，一些河道被填埋，有些园林庭院、民居祠堂、庙宇道观、石桥牌坊等古建筑被任意拆除翻建的严重情况。1981年，中共中央党校顾问、全国政协常委吴亮平同江苏省人大常委会副主任、南京大学名誉校长匡亚明到苏州调研古城保护问题。11月11日，吴亮平向党中央呈送《关于苏州园林名胜遭受破坏的严重情况和建议采取若干措施的报告》，邓小平批示：采取有效措施，予以保护。1982年2月，经国务院批准，24个有重大历史价值和革命意义的城市被定为中国第一批历史文化名城，苏州位列其中。1986年6月，苏州市第一版城市总体规划得到国务院批复同意，历届党委、政府以此规划框架“一张蓝图绘到底”，在历史文化名城保护、古城有机更新和活化利用等方面做出了积极有益探索，积累了丰富实践经验。平江路区域因保存完好，极具地方代表性，其保护更新备受重视，自2002年启动平江路风貌保护与环境整治先导试验性工程以来，按照保持古城格局、展现传统风貌、美化环境景观、传承历史文化的基本要求，完整保存区域建筑形式和空间格局。

规划设计

《苏州市城市总体规划（1985—2000）》 1986年，国务院批复同意《苏州市城市总体规划》，其中历史文化名城保护专项规划中提出，要保护3片代表苏州古城风貌的地区，其中一片是保存典型地方建筑风格的居民区和水乡风貌的保护区，具体指平江河以西50米范围内，城河以西，白塔东路以南，中张家巷、肖家巷以北地区，面积37公顷。

《苏州古城21、22号街坊保护与控制性详细规划》 1986年，苏州规划部门与同济大学教授阮仪三合作古城保护课题，第一次提出把古城划分为54个街坊。1988年，苏州城建部门邀请全国著名高校和设计院分别对7个代表性的街坊编制控制性详细规划，东南大学建筑系编制了《苏州古城21、22号街坊保护与控制性详细规划》。21、22号街坊范围是北至白塔东路，南至中张家巷，西至平江路，东至外城河。

《苏州平江街区保护更新规划》与《苏州平江历史街区保护与整治规划》 1996年，平江保护区规划专题研讨会召开，形成《苏州平江街区保护更新规划》。同年，阮仪三主持编制《苏州平江历史街区保护与整治规划》，规划范围为东至娄门内城河，西至平江河，南至中张家巷，北至白塔东路，总用地面积42.94公顷。

《苏州市城市总体规划（1996—2010）》 2000年，国务院批准《苏州市城市总体规划（1996—2010）》，明确要保护好平江、拙政园、怡园、山塘4处历史文化保护区。其中，历史文化名城保护专章中划定平江历史街区东至外城河，西至平江河西50米，北至白塔东路，南至中张家巷，为典型苏州地方风格的水乡住宅区。

《苏州平江路街景保护整治规划》 2002年，苏州市平江区政府委托阮仪三负责编制。依托规划，陆续完成平江路汪氏诵芬义庄沿河牌坊修复、保吉利桥游客服务中心建筑方案、平江路20—23号地块建筑保护整治方案、平江路基础设施整治提升工程等项目。

《苏州古城平江历史街区保护与整治规划》 2003年，同济大学国家历史文化名城研究中心负责编制。规划向西、向南拓展了平江历史街区范围，西至临顿路，东至外城河，北至白塔东路，南至干将东路，总用地面积116公顷。

《苏州历史文化名城保护规划（2013—2030）》 2013年，苏州规划设计研究院股份有限公司编制，获江苏省政府批准。规划中明确平江历史文化街区范围，西至临顿路，东至外城河，北至白塔东路，南至干将东路，总用地面积116公顷。在此基础上，2014年，苏州规划设计研究院股份有限公司编制了《苏州平江历史文化街区保护规划》，获苏州市政府批准。2018年，苏州规划设计研究院股份有限公司编制了《苏州古城20、21、22、28、29、30号街坊城市设计》。

法律法规

2000年后，苏州出台《苏州市历史文化名城名镇保护办法》《苏州市城市规划条例》《苏州园林保护和管理条例》《苏州市历史文化保护区保护性修复整治消防管理办法（修订稿）》《苏州市城市紫线管理办法（试行）》《苏州市古建筑保护条例》《苏州市文物保护管理办法（2004年修正）》《苏州市地下文物保护办法》《苏州市实施〈中华人民共和国文物保护法〉办法》等地方性法规、地方政府规章和规范性文件，形成历史文化保护法律、法规、规章、规范性文件四级体系。

2008年后，国务院出台《历史文化名城名镇名村保护条例》，江苏省和苏州市也先后出台《江苏省城乡规划条例》《苏州市城乡规划条例》等地方性法规，文化部（今称文旅部）部务会议通过了《大运河遗产保护管理办法》等部门规章，苏州市政府出台《苏州市居民私有住房建设规划管理规定》，苏州市第十四届人民代表大会常务委员会第十一次会议制定了《苏州市风景名胜区条例》等地方政府规章和规范性文件。

2013年，苏州市政府颁布《苏州市非物质文化遗产保护条例》《苏州市古村落保护条例》《苏州市城乡规划若干强制性内容的规定》。2017年，苏州市第十六届人民代表大会常务委员会第七次会议制定了《苏州国家历史文化名城保护条例》《苏州市古城墙保护条例》两部地方性法规。其中《苏州国家历史文化名城保护条例》共49条，涉及重点保护历史城区、齐抓共管管理机制、规定保护内容和要求等内容。

改造更新

平江历史街区首期改造工程　历届党委、政府高度重视平江历史街区的保护整治工作，并做了大量的基础工作与前期准备。1998年，省计委批准苏州平江历史街区首期改造工程的项目建议书、可行性研究报告和开工报告。2002年10月，苏州市委、市政府决定正式启动平江历史街区改造（保护整治）工程。10月17日，召开市长办公会议，研究确定将平江路风貌保护与环境整治工程作为平江历史街区首期改造（保护整治）工程。市政府成立工程领导小组，明确以平江区政府为主实施，具体操作由苏州平江历史街区保护整治有限责任公司负责。2003年2月，平江路风貌保护与环境整治工程启动实施。实施范围是干将路至白塔东路的平江路（河）两侧，全长1090米，占地114410.9平方米，呈带状分布。实施内容有沿路基础设施改善和沿路两侧环境整治、房屋整治、水环境整治等。2005年，工程完工。

中张家巷河道恢复及基础设施配套工程　工程由市水利（水务）局负责实施，由平江区政府负责实施征收工作。2005年完成规划选址，2010年立项。河道恢复工程西起平江河，向东经仓街至娄门内城河，全长607米。东段240米于2013年完工；西段于2017年启动实施，2019年底完成河道恢复，2020年3月通水。基础设施配套主要包括立面、景观整治（包括南侧立面和景观绿化），路面整治，管线入地（包括雨污水管道施工，

河道恢复前的中张家巷（①）、中张家巷河道恢复工程实施中（②）

给水、燃气管道施工，弱电施工，路灯施工，管线综合整治），景观灯改造，绿化迁移，仓街桥梁建设（包括道路施工及虹桥施工）。贯通后的中张家巷河水质清澈，两岸驳岸、路面、绿化等配套到位，完善了苏州古城河道和水系，提升了古城风貌，是新中国成立后苏州古城内第一条恢复的河道。

平江历史街区基础设施改造工程 工程于2009年实施。对平江路中段、北段地块房屋进行复原性修复，修缮面积约15000平方米。对平江路路面进行铺装整修，搜集旧条石，铺设石板路。将通过平江路的供电、电信、广电、自来水、路灯、雨污水等10类管线一次性铺设入地。对平江河以及其他河流的桥梁、驳岸进行整修加固。对平江路驳岸边和部分空地进行绿化补种，实施平江路沿街房屋立面以及平江河的灯光亮化工程。

平江历史街区背街水巷提升整治工程 2014年，平江、拙政园历史文化街区背街水巷整治工程实施，内容主要包括平江、拙政园历史文化街区内的东北街河两侧、平江河两侧等水巷综合整治。2014年5月启动，11月完成。为进一步提升背街水巷风貌，发挥河道功能，2015年起启动古城范围内背街水巷整治工程。

2015年，姑苏区平江历史街区背街水巷提升整治工程主要包括东北街（园林路—临顿路）、胡厢使巷、悬桥巷3条水巷的整治，建筑面积约18000平方米，长度约1000米。实施内容包括平江历史街区背街水巷古建、立面、河埠修复整治，污水截流、管网改造、景观提升、监控安装等。工程于2015年10月底开始实施，2016年1月竣工验收。

2016年，背街水巷提升整治工程包括大新桥巷、大柳枝巷、小柳枝巷、东北街沿河及东麒麟巷的整治。实施内容包括古建筑立面修复、小瓦屋屋面翻修、外墙面粉刷、门窗更换、门窗油漆、增加空调外罩、围墙盖瓦、桥梁抬高修缮、居民家中污水截流、路面修复、绿化种植、景观灯照明、监控安装等。总整治面积约12000平方米，整治的居民楼及门面房均为一两层仿古建筑。工程于2016年9月20日开工，12月18日竣工。

2017年，背街水巷提升整治工程包括悬桥巷、大柳枝巷、胡厢使巷、平江河北段的整治。施工内容包括污水截流、沿河立面改造、门窗工程、绿化工程、屋面工程、道路工程、亮化工程和监控工程等。屋面整治面积7000平方米，道路整治面积230平方米，安装景观灯约600米，安装监控摄像机33台，主要安装位置是平江河道。工程于2017年10月20日开工，2018年1月12日竣工。

智慧平江路建设项目 项目于2016年开始分阶段实施。文化宣传阶段包括建设新媒体平台、手机智慧导览等，在平江路重点路段、游客中心设置落地LED透明屏，沿线布置智能信标，实现Wi-Fi网络覆盖，游客可以通过扫描二维码、手机摇一摇，浏览文字介绍或收听语音介绍，了解所处位置的历史文化资源，还可以通过微论坛分享体验、提出建议等。商业推荐阶段包括引入兼具摄影、打印、播放展示功能的多媒体一体机，增进与游客之间的互动，整合平江路沿线商户资源，建立平江路会员管理系统、票务系统、微商城以及营销和广告管理系统等。活动互动阶段包括建立互联网体系，搭建线上、线下互动体系。线上互动通过收集游客在平江路智慧导览、微论坛系统的游览体验，进行数据分析和推广。线下互动包括通过手机摇一摇发放优惠券、红包等吸引消费人群，通过网络平台信息推送吸引更多人参与晒书节、七夕节等节日活动，策划手机摄影大赛、吃货节等活动吸引游客线上关注、线下参与等。

平江路基础设施提升整治工程 工程于2018年4月16日开工。实施范围以平江路（白塔东路—干将东路）为主轴，涵盖街巷两侧建筑围合的公共空间，建筑面积25000平方米。实施内容为对建筑界面、公共空间、绿化景观、环境设施、照明系统及标识系统等6项进行提升整治。8月24日竣工。

中心城区平江片区（一期）架空线整治和入地工程 2019年初，姑苏区开展100条背街小巷的架空线入地整治工作，其中平江历史街区67条。主要工程内容包括道路开挖、地下通道建设、线路铺设、剪线拔杆、路灯增设。2019年8月5日，平江历史街区架空线整治和入地工程开工。2020年6月完成市政道路恢复，10月基本完工，共完成供电架空线路拆除约22.37千米，通信架空线路拆除约280千米，供电、通信拔杆数总计约410根。

修复利用

汪氏诵芬义庄修复 汪氏诵芬义

汪氏诵芬义庄水墙门修复前（①）、中（②）、后（③）

庄在平江路254号，于清道光二十二年（1842）建，沿平江路的牌楼及墙门为义庄水上出入的门户。牌楼原为三开间四柱，中间屋面高，两旁有左右对称的墙门便房，外有专用码头，被沿河搭建的民居遮盖破坏。2004年，在拆除违章搭建的一处民居时，发现该民居的房梁隔层是一座腐朽的木构件牌坊。因义庄损毁较多，修复时没有采用原状保存或恢复式重建，而是原样保存了南边墙门房，墙上的朽木原样不动，石柱、砷石原样竖起，并另立钢柱为承重构件；用木料恢复原来牌楼、墙门大致形状和结构，北边墙门四周不再砌砖墙，栅门也不做全，顶上覆以玻璃代替原瓦顶。此次修复既体现了原真性保护，又直观呈现了原水墙门及牌坊的规模和位置，汪氏诵芬义庄成为平江路上一处遗产保护的独特景观。2009年底，修复后的汪氏诵芬义庄成为沿街商铺，经营者按照严格的建筑保护要求管理使用。

平江华府酒店 酒店大门设在菉葭巷46号。2007年，上海中锐集团出资对潘氏松麟义庄保护修缮，建成平江华府酒店。潘氏松麟义庄占地面积1370平方米，苏州市控制保护建筑，原为清嘉庆时藏书家黄丕烈藏书之所，道光年间成为苏州望族潘家私产。道光二十年（1832）由翰林院编修潘遵祁携兄弟潘希甫筹建，名松麟义庄，并对族内参加县试、府试、会试的子孙加以周济。光绪三十三年（1907），义庄内又创办松麟高初两等小学堂，实行新法教学，对报考中学、大学及出洋留学的子弟给予资助。新中国成立后，义庄先后为敬善中学、悬桥小学所使用，之后又陆

平江华府外景

平江华府内景

续归美术地毯厂、工艺美术玩具厂、丝绸服装厂使用。

在潘氏松麟义庄保护修缮过程中，对清中期古建按“尊重历史、修旧如旧”原则进行修缮，黄丕烈藏书楼“百宋一廛”原貌得以恢复，对原20世纪80年代厂房进行创意性改建，引入现代化服务与设备，建成集商务、休闲、餐饮、娱乐、住宿于一体的精品酒店综合体。项目设计方案获得2011年中国最佳设计酒店大奖。酒店承办过中日韩旅游部长会议、第三届中国文化遗产保护国际会议“苏州古城保护与城市更新”主题论坛等大型活动。

书香府邸·平江府　在白塔东路60号。2008年，苏州创元投资发展集团出资对北半园及周边工厂厂房进行修复、改造，打造园林特色文化精品酒店——书香府邸·平江府。北半园是清顺治年间沈其奕所筑宅院，后由咸丰年间江苏道台、安徽人陆解眉扩建。现为苏州市文物保护单位。改造时，北半园内至乐斋、半波舫、知足轩、藏书楼等被改造为酒店餐饮包厢，游客在用餐的同时可欣赏园内风景。北半园原为西宅东园，新中国成立后，先后被木器盆桶社、织带厂、东吴丝织厂、第三纺织机械厂使用，住宅大部分被拆毁建为厂房。遗存的厂房和办公楼被改造为酒店大堂、餐厅、客房住宿区、停车区域，包括天一楼、天赐楼、天香楼和

平江府

20—22号地块修缮前（①）、后（②）

丁宅修复前（③）、后（④）

瑞云楼等。改造后的平江府酒店建筑风格“轻、秀、雅”，有特色木香中餐厅、苏式传统红妆婚典、四季雅集宴、平江府官府家宴等。

平江路北段20—22号地块修缮工程 地块为胡厢使桥至汪氏诵芬义庄南侧地段，位于平江路东侧，占地面积3027平方米。2009年启动修缮工程，建筑外部与沿街建筑风貌保持一致，内部修缮时最大程度利用原有建筑结构和材料，保持建筑原有格局。修缮后总建筑面积2877平方米。

丁宅移建 丁宅原址位于大儒巷6号。始建于清朝，民国时期宅主人丁春之曾任山西定襄县知事。1920年，丁春之回到老家苏州，筹创苏州电气股份有限公司，并建设发电厂，设事务所于观前街。丁春之的女儿即丁达于（后从夫姓名潘丁达于）。原建筑群由门厅、轿厅、大厅、四进楼厅及东路附房等组成。新中国成立后，丁宅被商业部门及居民使用，存四进楼厅，存在安全隐患。2003年被列为苏州市控制保护建筑。2012年，启动丁宅保护修缮工程。经现场探勘，丁宅存在周边历史环境已丧失、建筑破损严重、布局已不具备历史真实性等问题，导致原地保护难度大，于是进行移建保护。移建地点为面积相符、紧邻平江路的大儒巷54号（空置地块）。选择移建此处，是文物建筑保护利用和平江路区域整体规划发展的综合考量。在整个移建过程中，遵循完整性原则，进行整体移建，尽可能使用原建筑构件，恢复其历史面貌。同时，考虑人居舒适度和未来使用功能，进行适度调整，增强古建筑的合理利用性。项目于2013年8月竣工，移建后建筑面积约1300平方米。9月，王小慧艺术馆在丁宅开馆。

卫道观修复和利用工程 卫道观是平江路区域比较完整的宗教庙宇。工程于2012年启动。修缮之前聘请中国古城保护专家阮仪三等为顾问，又聘请有丰富实践经验的工程技术人员进行施工建设，力求修旧如旧，尽可能保护原物。修复过程中通过包裹碳纤维对严重倾斜的墙体整体固化，采用无色生漆，展现木构件表面的纹理和补痕的沧桑感，屋角小井内装转换器把管线内流动的冷水、热水变成冷风、热风，确保冬暖夏凉等。主殿三清殿采用部分落架修复的方法，其立柱是一大特点。一般建筑使用木柱，而三清殿现存的立柱中有8根是花岗岩方形石柱，柱础为青石，且有两种不同的样式。三清殿退堂墙的修整和墙上壁画的修复难度最大，专家经过论证，制定了严格的墙体加固方案——采用碳纤维对墙体做整体保护，并对墙体增加红花梨木步柱做永久性加固保护。墙上的彩绘壁画高7米、宽6米，绘有8种道家吉祥物及万福朝天图案，在华东地区较为罕见。2013年底竣工。2016年，苏州苏扇博物馆迁至卫道观内。2021年，古建老宅卫道观保护修缮及配套工程实施，总建筑面积5592.02平方米，项目正在进行中。（参阅：会馆寺庙“卫道观”条）

卫道观修复前（①）、后（②）

花间堂·探花府 在南石子街潘祖荫故居内。潘祖荫故居占地面积约8000平方米，为苏州市控制保护建筑。潘祖荫探花及第，故其宅又称探花府。2011年底，苏州市政府启动首批古建老宅保护修缮工程，潘祖荫故居被列入首批12个试点之一。2012年，腾迁、安置居民53户，腾出文物建筑面积9000平方米。由苏州文化旅游发展集团有限公司对潘祖荫故

花间堂·探花府客房

端善堂潘宅修缮前(①)、后(②)

居开展修缮利用，恢复建筑原貌，加设消防池等。6月，修缮工程开工。以1958年著名古建筑专家陈从周对潘祖荫故居的测绘图纸和所拍照片为设计蓝本，按修旧如旧、保留其真的原则，对建筑形制、总体布局、平面构成、立体造型、内部结构及细部装饰、庭院花木等进行还原，运用古宅工法修缮。

修缮后的潘祖荫故居亭榭池塘交融，雕窗青瓦辉映，被打造为苏州文旅花间堂·探花府精品酒店，有文化展示、餐饮、住宿以及配套服务4个功能区，共21间客房和1处餐厅。2020年，苏州文旅会客厅·探花书房对外营业，举办读书分享会、文化沙龙等阅读活动。

姑苏小院·端善堂　位于大儒巷48号，在端善堂潘宅内，占地面积3322平方米，为苏州市控制保护建筑。2011年底，端善堂潘宅修复项目被列入苏州市政府首批古建老宅保护修缮工程。2012年，由苏州国家历史文化名城保护区管委会、姑苏区政府组织居民腾迁和安置工作，由苏州文化旅游发展集团有限公司开展修缮利用。修缮中保留整个建筑的原有框架，复原雕花门楼和石库门，建成苏州文旅·姑苏小院分散式精品酒店。酒店有11间客房，装修风格借鉴苏式古典园林，融入现代元素和智能控制系统。酒店有庭院，庭院内有回廊、半亭、假山、门楼等。2019年，苏州文旅·姑苏小院分散式精品酒店项目入选全省旅游行业服务经典案例。

金谷里文商综合体　在狮林寺巷99号，原为吴县刺绣总厂。原厂占地面积约4600平方米，建筑面积约9500平方米，约8000平方米的厂房建筑基本保存完

金谷里

好，布局、结构、框架基本未变，配电房、堆煤场、车间等基本保存完好，被列入苏州市工业遗产名录。

吴县刺绣总厂创建于1956年，曾在吴县设有78家分厂和基层刺绣发放站，有绣娘10万人，主要生产刺绣和服腰带、刺绣杂品、外销服装等产品，绣品"精、细、雅、洁"，畅销日本、俄罗斯、美国等60多个国家和地区。吴县刺绣总厂是当时吴县最大的创汇企业。到20世纪90年代，日本和服销售低迷，该厂日渐衰败。2003年改制，被苏州一家民营公司收购，厂房被改造为办公用房。2016年4月，业主进行二次投资改造，实施金谷里改建工程。工程保留原有工业建筑的空间布局，改建仿古戏台，改造工厂水塔，融入传统文化元素；动线设计曲径通幽、移步换景，增加民国建筑元素。2017年10月，项目竣工。2018年，通过消防设计审核和验收。

项目集赏、演、衣、食、住、用于一体。金谷里艺术馆免费对外开放，举办各类专业艺术展览，也承办诸如品牌发布会、专业研讨会、党建团建等各类活动。金谷里"棠会"戏台开展昆曲、评弹等交流、体验活动，平时在室内演出，节假日不定期举行公益性免费演出。文创项目有"金剪刀·鲍洪裳""丁非""不厌生活""过隐""游苏礼""金谷礼""繁玺视觉"等品牌，涵盖服装、首饰、手作、背包、摄影、阅读等门类。商业配套有隐居酒店、PAN宅酒吧、金谷里茶轩、豆壳餐厅、棠雨舫高定私宴、桃花源记、芬兰之家西餐厅等。

右见文化（元和县城隍庙） 在肖家巷48号，苏州市控制保护建筑。城隍爷是民间普遍的信仰之一，元和县城隍庙地处小巷内，但香火旺盛，其正殿一直到20世纪50年代尚供奉城隍爷和众皂隶的塑像。建筑坐北朝南，尚存配殿一座，后楼三间。第一进五开间楼厅，进深五界，扁作承重，雀宿檐梅花撑，檐高4米；第二进进深七界，扁作承重，东侧有砖额"延心"；边门建筑进深八界，内部吊顶，有青石六角古井一口。

2018年，苏州右见建筑装饰设计工程有限公司租赁元和县城隍庙局部建筑和东升里部分建筑，对建筑进行修复、改造，引入欧洲现代元素，集家居艺术展

右见

览、音乐剧场和咖啡、烘焙等美食享受于一体，历时一年完工，构建人文艺术休闲空间右见文化。举办过右见·无庸艺术展、民宿+体系论坛，戏剧表演·剧满楼等特色活动。（参阅：会馆寺庙“元和县城隍庙”条）

中张家巷29号修缮保护项目 房屋建于民国年间，沿街第一进为普通传统民居，第二、第三进为苏州市文物登录点。2017年4月启动房屋收储工作；2019年7月完成文物方案审核，11月启动土建修缮工程。主要包括清理非本体的附着物和垃圾；采用牮屋的手法矫正屋架，解决墙体沉降、木结构形变、木梁脱榫等问题；采用墩接的手法剔除木构件局部损坏部位，损毁比例超过一定限度的则替换整根木构件；用旧瓦、旧青砖等材料修缮房屋缺损部位。房屋修缮完毕后，总占地面积为230平方米，建筑面积约265平方米，基本还原建筑历史原貌。2020年7月完成文物验收。

2020年11月，启动建筑内部装修。安装门禁系统、监控系统、烟感报警系统、空调与暖通系统、背景音乐系统、智能化控制系统等现代电气化设备；在局部屋面做轻质保温层，安装中空玻璃，提高房屋的保温和隔音效果；二楼的卫生间采用集成整体式方案，由工厂轻量化定制，减轻房屋荷载。整体风格体现苏州文化，展现苏州传统书香家庭的生活空间。

修缮后，作为苏式生活展示馆对外展示，兼具历史街区招商中心的功能，2021年2月开始运营。展示馆通过门厅、中堂、茶室、餐厅、书房、卧室等展示姑苏老宅里的苏式慢生活。从门厅进入后，二进一楼客厅悬挂有牌匾“樨夷堂”，墙上附陶渊明的《归去来兮辞》，四仙桌、扶手椅、长条案和花架组成中堂五件，条案上放置镜、瓶、石。二进二楼南侧是苏式婚房，地板、木饰面、家具是一色系，点缀虎头鞋、梳妆台等传统习俗用品；北侧书房放置背墙书柜、博古架、书籍和收藏品，角落有一架古琴，书桌上有菖蒲、香炉等。

招商管理

2004年后，在保护历史风貌的整治基础上，逐步调整平江路两侧功能，实践体验“老苏州，慢生活”理念，打造精品文化交流平台。平江路沿线的传统建筑修复后，以注入产业的形式投入使用。在吸引文化产业进入的过程中，要求入驻业态能够突出历史文化精髓，与苏州传统文化相协调，具有热爱文化、弘扬文化和保护城市遗产的企业诉求，拥有成熟的项目运作经验和一定的资金基础。店招店牌、装修风格等由街区业态装修评审小组予以审查，确保与街区整体风貌和文化特色和谐一致。市场营销注重差异化品牌打造，就城市遗产保护的实际经验和成果在业界进行广泛的交流宣传，引进法国文化遗产保护志愿者工作营等国内外优秀遗产保护项目，有效提升品牌价值，另外，打造精品文化活动，突出在改善民生基础上形成的文化原生态保护和全民文化参与的品牌特色。

文旅融合

2013年6月，姑苏区启动全国城市旅游融合发展示范区的创建工作，平江历史街区被选为首批启动区。街区内多条街巷实施综合整治，增设游客中心等旅游服务设施，完善桥埠头、街巷转角等空间的景观和标识系统等。开发平江路手绘地图、平江路明信片等相关旅游纪念商品，提供服务散客的景点讲解，打造“平江晒书节”等文化活动。在街区古建牌坊、巷口路旁、河道桥边都设有介绍标牌并附二维码，游客可扫码了解街区内一巷一河、一桥一景的来历，体会街区深厚的历史文化底蕴。经初步统计，2019年，平江路客流量为1075万人次；2020—2022年受新冠疫情影响，年均客流量约为600万人次。

荣誉

2005年，中国江苏苏州平江历史街区获联合国教科文组织亚太地区文化遗产保护奖提名表扬。

2009年，平江路入选首批“中国历史文化名街”。

2009—2010年，平江历史街区保护项目入选中国城市遗产保护经典案例。

2011年，平江历史街区被评为国家AAAA级旅游景区。

2011年，平江路被苏州市政府授予“苏州市特色商业街”称号。

2011年，平江历史街区获“两岸最佳（潜力）旅游景点目的地”称号。

2013年，平江历史街区在新华网主办的2013旅游业融合与创新论坛上获评“最美中国·人文（自然）生态、文化魅力旅游目的地景区”。

2014年，苏州荣获李光耀世界城市奖，平江历史街区作为重要案例之一获评委会高度评价。

2014年，姑苏区获全国首个“国家古城旅游示范区”称号，平江历史街区是创建试点区域。

2014年，平江路历史街区获首批“创造未来文化遗产示范单位”称号。

2014年，平江路获中国文物保护基金会颁发的“中国最具价值文化（遗产）旅游目的地景区”称号。

2015年，平江历史街区被中华人民共和国住房和城乡建设部、国家文物局公布为第一批中国历史文化街区。

2016年，平江历史街区获评“长三角城市群‘岁月余味’体验之旅示范点”。

2016年，平江历史街区在新华网主办的第四届旅游业融合与创新论坛上获评“最美中国·文化魅力、特色魅力旅游胜地”。

2017年，平江路获评“江苏省放心消费创建示范街区”。

2020年，平江历史街区获评“苏州市商业特色街培育创建示范街区”。

2022年，平江历史街区获评国家级旅游休闲街区。

附：

2022年平江路区域文物保护单位一览表

名称	年代	地址	保护利用状态
全国重点文物保护单位			
耦园	清	小新桥巷6号	对外开放园林
狮子林	元	园林路23号	对外开放园林
全晋会馆	清	中张家巷14号	中国昆曲博物馆
卫道观前潘宅	清	卫道观前1—8号	苏州城建博物馆
江苏省文物保护单位			
惠荫园	明、清	南显子巷18号	苏州市第一初级中学内
潘世恩宅	清	钮家巷3、4号	苏州状元博物馆
苏州市文物保护单位			
北半园	清	白塔东路60号	平江府酒店内
东花桥巷汪宅	清	东花桥巷33号	民居
卫道观	元	卫道观前16号	修缮中
北张家巷雕花楼	清	北张家巷9号	民居
钱宅	明、清	悬桥巷23、25号	钱伯煊故居，修缮中
长洲县学大成殿	清	干将东路470号平江实验学校内	苏州古城规划展示馆
洪钧故居庄祠	清	悬桥巷27、29、31号	洪钧故居
王氏惇裕义庄	清	潘儒巷31号	苏州博物馆藏品修复部

续表

名称	年代	地址	保护利用状态
顾颉刚故居	民国	顾家花园4-1号	顾颉刚故居
鹤鸣堂康宅	民国	郛长巷1号	商铺
大柳枝巷杨宅	清、民国	大柳枝巷25、26号	未开放
悬桥巷方宅	清、民国	悬桥巷45、47号	方嘉谟故居
太原王氏义庄	清	传芳巷2号	未开放
中张家巷沈宅	清	中张家巷3号	苏州评弹博物馆
亲仁堂张宅	清	潘儒巷74号	苏州博物馆合作培训部
汪氏诵芬义庄	清	平江路254号	商铺
邓氏祠堂	清	大柳枝巷18号	未开放
钮家巷方宅	清	钮家巷31、32、33号	未开放
蒋氏义庄	清	胡厢使巷34、35号	未开放

2022年平江路区域控制保护建筑一览表

名称	年代	地址	保护利用状态
吴锺骏故居	清	潘儒巷79-1号	民居
丰备义仓旧址	清	石家角4号	民居
德裕堂张宅	明	狮林寺巷75-1号	民居
华宅	清	东麒麟巷17号	民居
天宫寺	明、清	菉葭巷10、11号，天宫寺弄1、3号	民居
陈宅	明、清	菉葭巷49、50号	民居
潘宅	清	悬桥巷55—60号	民居
潘氏松麟义庄	清	悬桥巷46号	平江华府酒店
丁氏济阳义庄	清	悬桥巷41号	未开放
德邻堂吴宅	清	大儒巷8号	修缮中
查宅	清	悬桥巷37号	未开放
端善堂潘宅	清	大儒巷44、45、46、48、49、51、52号	姑苏小院·端善堂
丁宅	清	大儒巷6号	修缮中
韩崇故居	清	迎晓里4、6、8、10号，一弄4号	民居
昭庆寺	清	大儒巷38号	修缮中
郑宅	清	曹胡徐巷3、5号，东花桥巷18号	民居
宋宅	清	曹胡徐巷76号	民居
怀德堂凌宅	清	姑打鼓巷3号	民居

续表

名称	年代	地址	保护利用状态
杭氏义庄	清	东花桥巷兰亭苑小区内	民居
潘宅	清	东花桥巷11号	民居
朱宅	清	曹胡徐巷51号	民居
周宅	清	曹胡徐巷17—23号	民居
徐氏春晖义庄	清	南石子街12号	修缮中
潘祖荫故居	清	南石子街5、6、7、8、10号，迎晓里12号	花间堂·探花府
韩宅	清	南显子巷5、6、7、8号	苏州非遗食品展示馆（筹）
清慎堂王宅	清	大柳枝巷9号	民居
徐宅	清	大柳枝巷13号，后门丁香巷28号	民居
笃佑堂袁宅	清	大新桥巷28号	民居
庞宅	清	大新桥巷21号	苏州国际青年旅社
郭绍虞故居	清	大新桥巷12、13、20号	民居
唐纳故居	清	胡厢使巷40号	民居
杨宅	清	混堂巷8号	民居
吴（信中）宅	清	中张家巷6号建新里	民居
吴学谦旧居	清	朱马高桥下塘3号	未开放
王宅	清	钮家巷5、6号新一里	未开放
董氏义庄	清	大郎桥巷61、63、65号	未开放
王宅	明、清	肖家巷53号	未开放
真觉庵	清	钮家巷27号，东升里16、17、18号	民居
元和县城隍庙	清	肖家巷48号	民居、右见文化
艾步蟾故居	清	肖家巷15号	民居
陈宅	清	钮家巷8号	修缮中
田宅	清	大郎桥巷1、3号	民居
苏肇冰故居	民国	顾家花园13号	修缮中
吴宅	民国	大郎桥巷29号	未开放
仓街116号花厅	清	仓街116号	未开放
沈惺叔宅	民国	卫道观前27号	瑞颐康养老年公寓
张氏义庄	清	潘儒巷76号	苏州博物馆古籍图书馆
桑宅	清	肖家巷31号	民居

2005
UNESCO
Asia-Pacific
Heritage
AWARDS
for
Culture Heritage Conservation
Honourable Mention
Pingjiang Historic Block, Suzhou, Jiangsu Province, China
Owner: Suzhou Pingjiang Historic Block Protection and Renovation Co.,Ltd
Individuals responsible for the Project: Ruan Yisan, Zhang Qin, Lin Lin, Yang Weize, Zhou Weiqiang, Shao Jianlin, Zhou Renyan, Hui Jianlin, Xu Gang, Xiang Bingjun
Architect/Designer: Ruan Yisan, Zhang Qin, Lin Lin, Tong Ming, Zhang Yanhua, Peng Rui, YangYi
General Contractor: Suzhou Kuaixiang Historic Buildings Construction Company, Suzhou Taihu Classical Gardens Construction Company, Suzhou Xiangshan Historic Buildings Construction Group, Suzhou Urban Planning & Designing Institute Company
UNESCO

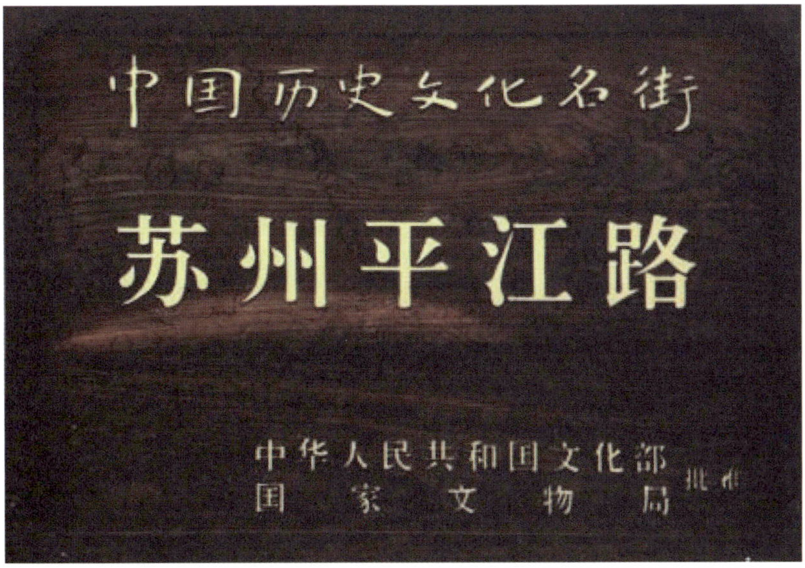
中国历史文化名街
苏州平江路
中华人民共和国文化部
国家文物局
批准

相关链接：

城的保护比一个个文物的保护价值更大

苏周刊：苏州平江路当选首批中国历史文化名街，并且是长三角地区唯一当选的，您认为它一枝独秀的理由是什么？

阮仪三：我积极地推动平江路当选。它是认真地在整治，而且是在全城的范围内作为重点，在苏州古城的保护的背景下。1986年我就提出54个街坊的划分，划的时候有很大的争论：怎么能划这么小？建设部的专家来问我，中规院也来问我，说你们划这么小，不对的。我说为什么要这样，因为苏州都是自然河网的格局，双棋盘的格局，划小了我就控制住了。这个是玄妙观，这个是双塔，一个街区里面有个很重要的东西，它就能抓得住，有自己重要的特点。还根据城市格局的特点把苏州古城的特色反映出来。当时提出的观点是全城保护，全城，也仅仅是风貌的整体控制，平江历史街区这一条河一条街一条河一条街，全城就完整地留存了这一块。《平江图》是世界遗产，你得有实物留下来。这个城是我从小经历的，像这种城市全国没有的。以前比它好、比它精彩的也有，现在都弄光了。

我们从上海到苏州去，一进到苏州范围，在火车上就看见北寺塔了；从南京到上海，一到苏州公路上也能看到虎丘塔。这都是重要的风貌控制，绝对不允许出现遮挡视线的高层建筑，所有古城内的建筑高度不好超过24米，这样才做到了景观风貌的控制。我们说借景，拙政园里借北寺塔的景，留园里借虎丘塔的景，完全把城市空间轮廓控制住才有。这一点只有苏州做到了，在全城范围内做到。你得有一个区域，有一个地区，这才叫城。城的保护比一个一个文物的保护价值更大。

苏周刊：作为平江历史街区的总规划师，您是什么时候开始介入这个项目的？

阮仪三：从1986年划54个街坊开始，之后就有多次的同济大学的教学课程设计，而且留下了人。我常常把苏州的规划课题列为课程或毕业设计，来探索研究苏州古城的保护与更新。当时我带的学生邓小兵（苏州新区规划局局长），他做的规划就是苏州山塘街；后来带的俞娟（苏州规划设计院总工）、刘浩（苏州园区规划局前总工）、相秉军（苏州市规划局总工）等，都做过苏州的规划课题。平江路的规划原稿就是相秉军和刘浩两个人做的，然后不断地修改。平江路37号街坊和平江历史风貌保护区，我都带着学生连做过三遍。这些学生不少后来都留在苏州的规划设计部门工作。

苏周刊：有报道说您曾经四次修订规划，这是什么原因？您对平江路是否也有一个不断认识的过程？

阮仪三：不同的时代有不同的要求。譬如范围扩大，这一次范围又扩大了。现在南到干将路，北面到白塔东路，西面到了临顿路。古老的苏州要更新，要在旧的土壤上滋长出新的东西，我的《姑苏新续》这本书里写的就是这个意思。但是从平江路来讲，它还是个特例，它是要完整地留存历史的风貌，但是生活要延续，要提高人民生活水平。你说它怎么会成功的？就是耐下心来搞好历史风貌的整治以后，不急于开发商业旅游。我们很多地方，保护整治的目的就是为了发展旅游，就是为了取得经济利益。可以发展旅游，可以取得经济利益，但是要在保护的前提下合理利用。平江路好在它是耐下心来逐步地整治，然后研究怎么适应街道的特色去发展现代的旅游的功能。现在旅游的功能经过一段时间的推敲以后，有选择了，这样它就形成了比较浓郁的文化气氛，不是单纯的商业吆喝式的，原来的文化内涵也逐步地显现出来了。

陶家弄旧景

胡厢使巷旧景

南石子街旧景

历史留存不是花瓶

苏周刊：您规划保护的古镇，如今几乎无一例外成了旅游热点。您认为保护和旅游开发之间是什么样的关系？

阮仪三：高档的旅游是带有人文情怀的，是文化的旅游。把原生态的东西留下来，是永世不朽的。我们坏就坏在，很多地方搞旅游，本末倒置，把这些东西搞掉，来造仿古的。从1989年开始，全国做了2000多个所谓人工景点、主题公园，百分之八九十垮掉了，这一点很值得大家思考。但是所有历史景点的开发利用，不说100%，至少80%是好的。当然也有的里面造了不少假古董，这是另一个问题。

苏周刊：也就是说，有历史文化内涵的东西，是很好的旅游资源。

阮仪三：是啊，永远站得住脚，而且它会越来越好。

苏周刊：平江路是一个以居住为主的街区，但是一度拥挤的居住格局又影响了它的风貌，如何将保护历史文化与提升居民生活水平相结合？

阮仪三：从我们城市遗产保护来讲，人是很重要的因素，过多的人口要逐步疏解。原来的住宅变成了商店，内容就变了，使用性质也变了。当然我们过去也有的，前店后宅，前面是街后面是河，也有很多是住宅，在历史街区里有人住了以后，情况就变了，除了为旅游服务以外，还要为自己本身服务。平江路我从小生活过的，以前也是热闹的商业街，但都是为当地居民服务的。平江路后面一条河比较大。夏天买西瓜，冬天买柴草，我们联合几家人家，把船牵过来，船就摇到钮家巷里面来，大家一道来买。以前都是这样的。

苏周刊：但是这种风貌也是不可能恢复的了，人的生活方式已经变了。如何处理新和旧的关系？

阮仪三：对，随着时代的不断进步，人的生活方式是变化的，所以保护还要更新，先要搞清楚哪些可以变，哪些可以不变。但是有一点，人在里面生活，留存这个环境，有了人之后自然会适应这种需求。河以前是用于交通的，现在变成了不是以交通为主的。比如现在你到平江路去看，好多人在那拍写真，他们觉得这儿非常漂亮，这儿成为人们追求的风景。我去了几次，每次至少碰上五对，这也是新的需求。码头水埠不是倒马桶洗菜了，变成了另外一种风景点的内容，这个留存下来，也就是向人们诉说历史，向人们传递历史的信息。当我们逐步整治以后，我相信平江路往里面深入以后不会全部都是商铺，不会全来开商店。

平江历史街区是在城市中间的重要的地段，保护起来之后，要让它继续成为城市的重要的生活内容之一，和现代的城市相融合，和城市的现代发展相吻合。同时这一历史地段的留存，留下重要的城市记忆，留下过去生活和现代生活的衔接和交融。

苏周刊：您提到它的活力，是不是就是指这一点？和现代生活的交融？

阮仪三：是，它可以和现代生活交融，不是像好多地方，是硬做给人家看的。我们对历史留存，不能做花瓶。同时，人也是重要的风景。

平江路我们修了几个新东西——平江客栈、汪氏义庄、董氏义庄，还有汪氏义庄前面的牌楼——这几个我们做的新东西，在保持原来风貌的基础上，用了新的手法。

苏州古城的保护是全国最好的

苏周刊：您怎么评价苏州古城的保护？

阮仪三：苏州古城的保护是全国最好的。主要是它保持住了原来的空间轮廓。我在《姑苏新续》里说过，它在传承上，很多的建筑师做了努力。我好几次在苏州市的会议上提出，苏州古城里出现的建筑方案，首先要有苏州风格。什么是苏州风格？咱们大家一道来说，苏州风

平江路俯瞰

格各人各理解，没有关系，好的就是好的，通过大浪淘沙，会留下金子。首先，高度规定了，不好超过24米，高度是古城保护的一个重要的灵魂，高度控制住了，基本上体型控制住了，所以我们苏州还保留着小桥流水人家的风貌，也就是一种婉约的、精巧的、和人的尺度相宜的风貌。然后，再尽量地运用苏州各种各样的元素，这个元素就是艺术性，或者说建筑化的，譬如说瓦檐、屋顶、窗楣，比例、尺度，以及细部的一些格局。漂亮的姑娘也要打扮，要用一些很好的手段去打扮它，打扮也要量体裁衣，因人而异，对苏州来讲，在这个过程中，逐步创造出苏州自己的特点。当年我做干将路的时候，干将路已经开出来了，让我管规划，我们是花了大功夫的，当时的规划就提出几条：第一，都要有屋顶，不论大小，得有一点，屋顶就是苏州瓦顶，可以用不同形式来表达；第二，不能大尺度整块地出现立面，要把它分割，因为苏州本来都是小块分割的，不会出现大块的立面；第三，不得用三原色（红、黄、蓝），不得用大面积的铝合金和玻璃门窗；第四，尽量用苏州古建筑的格局和细部装饰，按照这种要求审定方案。

我很欣赏苏州工业园区的李公堤一带，它一看就是新建的，同时一看就是苏州建的，再一看是符合现代人需求的又有传统历史韵味的。而传统历史韵味不光是表面的瓦顶白墙，而且要有内在的韵味，并且老少咸宜，雅俗共赏。正因为保护了古城，古城那一大块放在那里，那就是重要的样板，重要的源泉，新建筑可以从中汲取很多精华；并且也是很好的滋生的土壤，让它长出好东西。我觉得这是苏州对我们中国重要的贡献所在。14.42平方公里，完整地保护了风貌和格局，并且在精心地逐步地耕耘。这一点很重要，以后要坚持下来，一定不要大拆大建。

（来源：《苏州日报》记者采访阮仪三资料选录）

街巷里弄

本志所载区域中，有南北向主干道平江路、仓街，东西向主干道白塔东路，也有纵横交错的支巷。在这些街巷里，居住过许多历史名人，散布着不少历史遗迹。这些街巷有着粉墙黛瓦的建筑、水陆相依的风情，它们虽然不宽，却演绎着千年的文化，生生不息。本章按先平江路、仓街，后由东向西、从南至北的顺序，以大街带小巷，逐一记述。

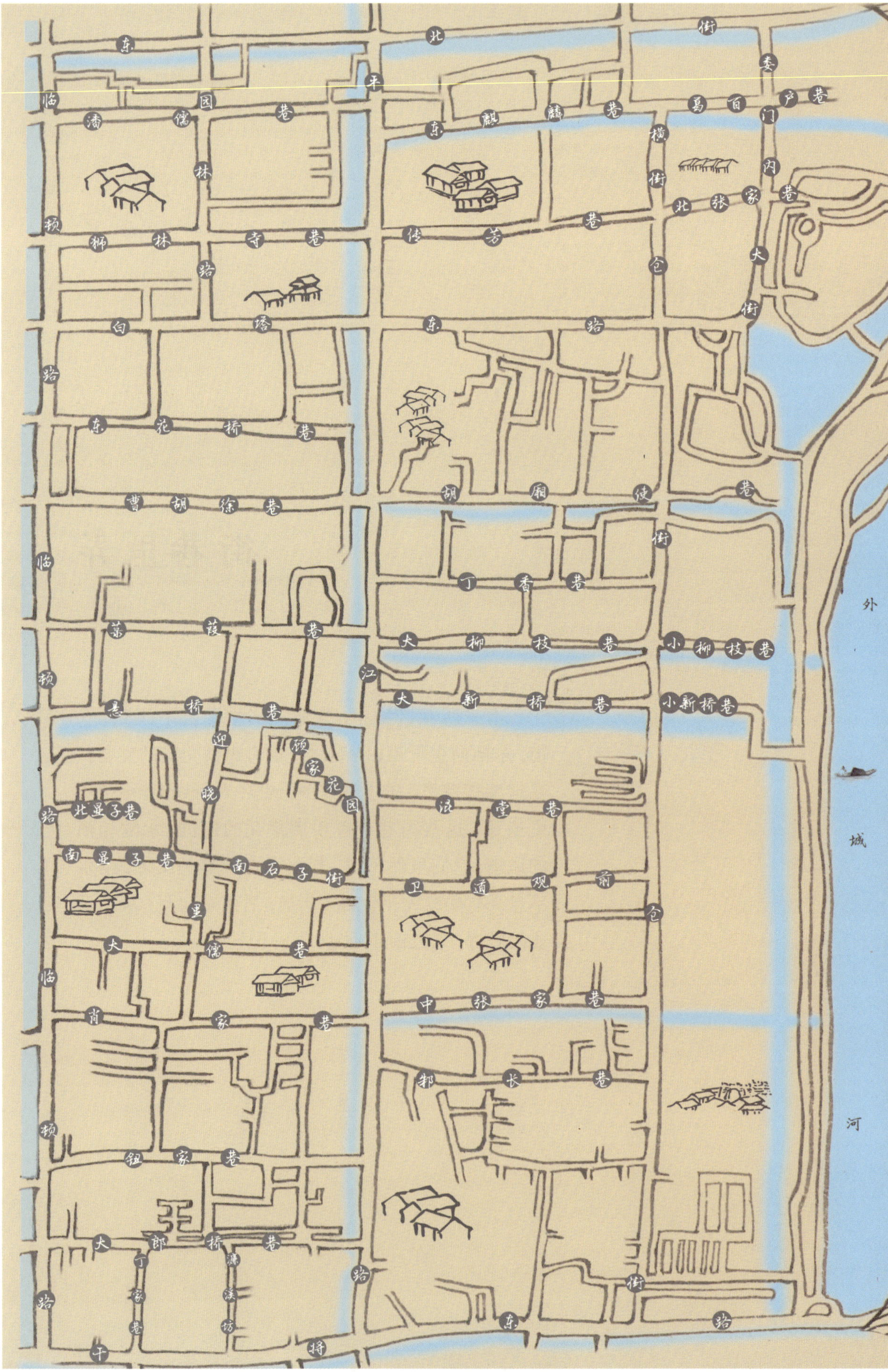
东北街
临顿路
潘儒巷
东麒麟巷
葛百户巷
横街
娄门内大街
北张家巷
狮林寺巷
传芳巷
仓街
白塔东路
东花桥巷
曹胡徐巷
胡厢使巷
丁香巷
菉葭巷
大柳枝巷
小柳枝巷
平江路
悬桥巷
大新桥巷
小新桥巷
迎晓里
顾家花园
北显子巷
南显子巷
南石子街
混堂巷
卫道观前
大儒巷
中张家巷
肖家巷
邾长巷
钮家巷
大郎桥巷
丁家巷
濂溪坊
干将东路
外城河

平江路

南北走向。东与仓街平行；南起干将东路苑桥；西临平江河；向北穿过白塔东路，直至东北街（北端华阳桥，横跨东北街河），与百家巷相对。全长1606.8米，宽3.2米左右。1985年改弹石路面为长方石人字形路面。2004年，路面改用花岗长条石横铺砌成，白塔东路以北路段为长方形石板路面。

《吴门表隐》卷四载："平江路古名十泉里，有古井十口，华阳桥南一、奚家桥南北各一、徐家弄北一、魏家桥南北各一、朱马高桥北一、混堂巷口一（今无）、张家桥南一、苑桥北一。"范君博（1897—1976），名广宪，字子宽，号君博，以号行，著作繁富，其《吴门坊巷待辅吟》（简称"范《坊巷吟》"）有诗《平江路》云："风土清嘉话昔年，辘轳声起晓风前。人家独爱平江路，携绠方便汲十泉。"

现有井5口。

22号前有口双眼井，清光绪年间建，1983年重修井栏。

30号前、联萼坊西口，有一口井，系

平江路南（近干将东路）

双眼井

漱石泉

清光绪年间建。

平江路钮家巷东口、寿安桥东堍南，近平江河处，有寿安桥古井，为平江路“十泉”之一。

大儒巷东端、积庆桥东北侧有漱石泉，凿于清光绪三十四年（1908），为自治局官井，泉名取自《世说新语·排调》中“漱石枕流”。此井现位于平江路中央，用六角铁栏杆防护，井前地上有一方井碑，注明“漱石泉”。

228号前有万斛泉，凿于清光绪三十四年（1908）。花岗石井栏雕有花纹，刻有“万斛泉”“自治局官井”，高50厘米，属高腰井栏。

20号为苏州市姑苏区阮仪三城市遗产保护工作站，是姑苏区政府和上海阮仪三城市遗产保护基金会共同创建的社会公益组织，属民办非企业单位。2015年5月挂牌成立，开展以宣传、保护、传承城市文化遗产为主题的活动和承担姑苏区片区规划、平江路风貌业态评审等日常咨询工作，创作“兔小囡在苏州”系列绘本，是“研学姑苏实践基地”“平江历史街区古建老宅保护示范单位”。

254号为汪氏诵芬义庄，又名汪家祠

万斛泉

平江路俯瞰

堂。民国《吴县志》载，义庄“在平江路魏家桥南，清道光二十二年汪景纯与从子廷枏承其父翼铭遗志创建，置田一千零八亩五分五厘三毫，巡抚梁章钜题请建坊，潘世恩记”。汪景纯曾任浙江乌镇同知，有治绩。汪廷枏是道光时举人，因外祖父潘世恩及其子先后为试官，为回避没有参加会试，后受聘在沪为李鸿章征税保障军需。汪氏诵芬义庄原为两路五进，现存坐东朝西五进庄舍。2014年6月被列为苏州市文物保护单位。修复后用作沿街商铺。（参阅：保护更新“修复利用”条）

306号为平江大院，该处曾为苏州金属工艺厂。该厂于1976年创建，曾被列为全国7大城市9大定点生产单位之一，苏州百年老店恒孚银楼为该厂在苏重要对外窗口。1986年后，苏州工艺美术厂的仿古铜器生产并入，该厂从事仿古铜器生产，产品精绝，可达难辨真伪的水平。

344号为李坤堂宅，始建于清乾隆五十一年（1786），相传原为皇家“银库”之一。光绪十九年（1893），丹阳人李坤堂出资2000银元购得，后又花2000银元重修。李宅坐东朝西，一路三进三开间，后院是平房，为李坤堂开办的手拉木机台织绸工场。清末民初，李坤堂又在平江河西岸石家角置平房7间，将工场扩建为三丰铁机织绸厂。1954年，2处房屋均并入苏州振亚丝织厂。1956年公私合营，宅院被隔成居民住宅。1981年落实私房政策，宅院第三进为李坤堂后裔所居，其余为其他居民所住。房屋陈旧，保存尚完整，乾隆五十一年（1786）“燕翼贻谋”砖雕门楼、五福捧寿滴水瓦当至今仍保存完好。

平江路两侧支巷多为历史悠久的小巷。东侧自南而北有郝长巷、中张家巷、卫道观前、混堂巷、大新桥巷、大柳枝巷、丁香巷、胡厢使巷、传芳巷、东麒麟巷，西侧自南而北有大郎桥巷、钮家巷、肖家巷、大儒巷、南石子街、悬桥巷、菉葭巷、曹胡徐巷、东花桥巷、狮林寺巷、潘儒巷等。

仓街

在平江路东侧，南北走向。南出干将东路东端（原狮子口）；向北穿过白塔东路，直至娄门横街。全长1286米。干将路至白塔东路段宽8米，通济桥以南为沥青路面，通济桥至白塔路为弹石路面。白塔东路至娄门横街宽2—3米，为小长方形砖石路面。

王謇《宋平江城坊考》载，东营街，今仓街。案：宋代吴中军制，以雄节为南营，全捷为北营，则中营为威果可知。考《平江图》，威果二十八营在今仓街中。《吴郡志》《姑苏志》载威果二十八指挥在万寿寺北，正与此相近，故校改“东营街”为“中营街”。《吴门表隐》载，原东仓街直北，有仓桥古阁，为“宋时古茶亭，址傍有七佛石幢（已失）。乾隆三十八年重修，五十二年重建。张凤翼记勒石”。此处清代为长洲、元和两县官仓所在地，有豫顺、青丘等仓，故名仓街。仓街北端是丝织手工业集中地，清末有机户二十余家，因多机户，市廛冷落，故有“饿煞仓街”之说。

仓街南端东侧，清代、民国尚有戴家弄，后被划入江苏省第三监狱，弄名遂废。

现有井4口。

31号前有洙泗泉。洙水和泗水在今山东省境内，孔子曾在洙泗之间聚徒讲学。井名意为汲此水可得洙泗之渊源、孔子之教泽。

69号前有福寿泉，是一口双眼井，花岗石井栏圈呈长方形，井壁上刻有“福寿泉”三个大字，右上方刻“民国二十三年孟秋”，左下方刻“朱鼎彝置”。朱鼎彝家住卫道观前东巷口，在上海经营长泰丰钱庄，1934年其母70大寿时，他出资开凿此井，为母亲增福积德。

仓街与小新桥巷交叉口有百龄泉，是一口双眼井，西面井壁刻有“百龄泉”三个大字，落款为“民国二十二年仲秋”及“陆季皋、娄仲明敬立”。陆、娄二人皆是苏州振亚织物公司（振亚丝织厂前身）股东，皆为清光绪十年（1884）生，且结

洙泗泉（①）、福寿泉（②）、百龄泉（③）、留韵义井（④）

为儿女亲家。1933年，两人同为五十岁，相加为百岁，当年恰逢大旱，为解决工人饮水问题，两人捐出做寿资金，开凿此井，取名为百龄泉。

136号前有留韵义井，是一口双眼井。1934年，保大钱庄沈惺叔晚年得子，发愿开义井18口，现尚存6口，此为其一。2010年仓街道路改造时，原井圈遗失，后复制了两个内圆外六角形花岗石井圈。井圈上刻“留韵义井”“沈惺叔”字样。沈惺叔，民国吴县人，名辉，从事典当业。

61号有砖雕门楼，建于清乾隆二十年（1755）。现仅存最后一进厢楼，楼前的砖雕门楼上枋已毁，“太和翔洽”字牌完好，题额是“乾隆乙亥孟春榖旦”，即1755年正月吉日。落款是两方印章，未留名。

116号为仓街花厅。花厅是指宅第中大厅以外的客厅，多建在跨院或花园中。从残存的花厅与宅南大门前的新桥河距离来推断，古宅原规模至少有四进。花厅的棹木上雕有喜鹊登枝、鱼跃龙门等图案，雕花精美，保存完好。2014年被列为苏州市控制保护建筑。

177号为姚君玉祖祠，清宣统三年（1911）建，四进六开间，有门厅、客堂、书房等，后改为民居。一度为苏州市商业职工大学所用，尚存古柏两株。

仓街原10号为江苏省苏州监狱，原11

号为苏州振亚丝织厂。

江苏省苏州监狱前身为苏州模范监狱，始建于清宣统二年（1910），地址在小柳贞巷。1912年中华民国成立后，苏州府改为吴县，遂称吴县模范监狱。1919年，改称江苏第三监狱。1940年，在狮子口9号建立新监狱，俗称狮子口监狱。狮子口监狱与南京老虎桥监狱、上海提篮桥监狱并称“民国三大监狱”。1956年，改称江苏省第三监狱。1958年，大门移至仓街10号。1994年，更名为江苏省苏州监狱。2009年，江苏省苏州监狱搬迁至苏州市相城区黄埭镇。

苏州振亚丝织厂。1917年创建，由清光绪三十二年（1906）苏州华纶福纱缎庄改组发展而来，创建时资金为4万银元，仅有铁木手拉机20台。至1923年，有铁木手拉机200台。1926年开始采用电力丝织机，到1933年，共有电力丝织机72台。1954年10月27日，改名为公私合营苏州振亚丝织厂。1966年改名为红卫丝织厂。1978年恢复原厂名。1993年组成振亚集团。2002年破产。现干将东路北、仓街东、新桥河南（原江苏省苏州监狱和苏州振亚丝织厂地块）为住宅和商业用地，项目在建。

仓街

附：仓街北端接娄门横街。娄门横街南起仓街，北至徐鲤鱼桥，长129.5米，宽3米。原为弹石路面，1986年改建，其中93.6米为六角道板路面。《姑苏城图》有路标，未注街名。

郗长巷

西起平江路，东出仓街。长338米，宽3.26米。

该巷系平江路东侧南起第一条向东直通仓街的横巷。原作朱张巷，因朱、张二姓居此而得名。明卢熊《苏州府志》（简称“卢《志》”）作朱张巷，传为元代海运兴起，朱清、张瑄主持海运，富甲一郡，同营广厦于此，故名。《姑苏城图》标朱丈巷，1921年开文书局印行的《最新苏州城厢明细全图》（简称“《苏州城厢图》”）标朱长巷，1949年出版的《最新苏州地图》（简称“《苏州图》”）标郗长巷。明叶子奇《草木子》：“元朝初，朱张二万户以通海运功，上宠之，诏赐钞印，令自造行用，自是富倍王室。及事败，死于京。”范《坊巷吟》有《朱长巷》：“朱张友好复相怜，巷僻同居不计年。终古逸民垂后世，几人怡怅到清瑄。”诗后注：“在万寿寺后，旧名朱张巷。”

郗长巷

1号是鹤鸣堂康宅。建于1928年，是民国时期上海大亨黄金荣在苏州的一处私宅。康鹤鸣是其管家。是典型的民国建筑，青砖黑瓦，有西方建筑的风格，也有苏州水乡的温婉气息。院内保留古井活水，墙体青砖均从国外购回，编有英文代码。《我们无处安放的青春》等电视剧在此取景拍摄。2004年被列为苏州市文物保护单位。

附：郗长巷北、中张家巷南有东板桥弄、张家桥浜。

郗长巷中段曾折出一条小巷，该巷先向南再折向东，至仓街，称郗长巷学地。郗长巷学地（东西向一段）又向南折出一条小巷至干将东路，称新学前学地，此因明嘉靖二十年（1541）长洲县学由旧学前迁至此而得名。

中张家巷

在郗长巷北，卫道观前南。西起平

中张家巷

江路，东出仓街。长351米，巷中间有中张家巷河，河北岸路宽6—8米，南岸路宽2.5米。

巷因原中张家巷河西端张家桥得名。与仓街相接有两条张家巷，此巷在南，故原称南张家巷。卢《志》作南张家巷，民国《吴县志》注引清康熙沈世奕、缪彤《苏州府志》（简称“康熙《志》”）：“朱张巷北。”并按：“今俗呼中张家巷。”俗呼实因巷并非在仓街南端，而在仓街中段，后名中张家巷。《姑苏城图》标张家巷，《苏州城厢图》标中张家巷。范《坊巷吟》有《南张家巷》：“出门安步自当车，但觉归来带月华。巷陌寻名频识姓，而今犹是说张家。”诗后注：“今名中张家巷，在平江路。”

3号沈宅是苏州市文物保护单位，现为苏州评弹博物馆。6号建新里吴宅是清嘉庆十三年（1808）状元吴信中故居，为苏州市控制保护建筑。

14号为全晋会馆，1986年10月建苏州戏曲博物馆，2003年11月增挂中国昆曲博物馆牌子。（参阅：会馆寺庙“全晋会馆”条，博物馆“中国昆曲博物馆”“苏州评弹博物馆”条）

29号是一处文物登录点。2019年，启动中张家巷29号民居院落修缮保护工程，对此宅进行修缮。（参阅：保护更新“修复利用”条）

卫道观前

在中张家巷北，混堂巷南。西起平江

卫道观前旧貌（①）、今貌（②）

路，东出仓街。长356米，宽3米。

因巷内有会道观，故原名会道观巷。卢《志》作会道观巷；清同治冯桂芬《苏州府志》（简称“冯《志》”）作卫道观巷；《苏州城厢图》标卫道观前，街东段北侧有道观标记。范《坊巷吟》有《卫道观前》：“天气初秋白露新，何来扇障庾公尘。丹心未许随风变，古观当前有道人。”诗后注：“一名会道观巷。”

巷内多古迹，卫道观前1—8号为潘宅，全国重点文物保护单位。16号为卫道观。（参阅：名人故居“卫道观前潘宅”条，会馆寺庙“卫道观”条）

27号为沈惺叔宅，民国洋房，青石外墙，是保大钱庄沈惺叔的一处住宅。1949年后，相继为血防站、托儿所，现为瑞颐康养老年公寓。苏州市控制保护建筑。

附：卫道观前北、混堂巷南有猛将弄、徐家弄。

混堂巷

在卫道观前北，大新桥巷南。西起平江路，东出仓街。长349米，宽3.3米。

冯《志》作混堂巷，并注“张家桥北，古名长庆里”。1940年江苏建设厅技术室所制的《吴县城厢图》（简称“《吴县图》”）标混堂弄。范《坊巷吟》有《混堂巷》：“编篱插棘井闾荒，剩向尊前话故常。旧里已忘长庆唤，翻教俚巷混堂彰。”诗后注：“旧名长庆里。”混堂为吴语，指公共浴池、澡堂。本巷旧时有浴池，故名。苏州旧时浴池多，因而名“混堂弄”的也

混堂巷

大新桥巷

多。但此处名“混堂”还另有一种说法：巷内有不少大户人家的厅堂、祠堂及义庄，堂名易相混，人称“混”堂，故名。

8号是杨宅。清光绪二十五年（1899）分省补用道杨廷杲承其祖杨承宗遗志建杨氏宏农义庄。现存朝南三路五进。东路第三进祠堂面阔三间11.2米，进深10.2米，扁作梁，有彩画痕迹。棹木雕鹿、雀、缠枝花。中路第二进有砖雕门楼，额题“翰苑流芳”。1995年，定居香港的杨濛（即著名电影演员夏梦）等族裔出资修复一新。

在混堂巷平江路口，有座节孝坊，现已经被砌入墙内，较难发现。

大新桥巷

在混堂巷北，大柳枝巷南。西起平江路，东出仓街。长351米，宽2.8米。

卢《志》作新桥巷，民国《吴县志》并注：“康熙《志》：青丘仓前。同治《志》：流真巷南。俗称娄门新桥巷，一称大新桥巷。”《姑苏城图》标新桥巷，《苏州城厢图》标大新桥巷。范《坊巷吟》有《新桥巷》：“黄金散尽发飘萧，底事悲歌易寂寥。数典星桥忘却祖，新桥巷误大新桥。”诗后注：“今名大新桥巷，新桥旧称星桥。”

10号为墨客园。（参阅：园林“墨客

小新桥巷

园”条）

12、13、20号为郭绍虞故居。21号庞宅、28号笃佑堂袁宅均为苏州市控制保护建筑。（参阅：人物传记“郭绍虞”条）

附：大新桥巷北、大柳枝巷南有大马场弄、朱马高桥下塘。

大马场弄，南起大新桥巷，向北折东转至仓街，北口过桥即至大、小柳枝巷。清代沈秉成于小柳枝巷南营建耦园为宅。地方官吏前去拜谒时，在此处羁马，因而得名大马场弄。《吴县图》标大马场弄。

朱马高桥下塘在柳枝河南岸，与大柳枝巷隔河相望。3号为吴学谦旧居，是苏州市控制保护建筑。

小新桥巷

在大新桥巷东。西起仓街，与大新桥巷相对；东至娄门内城河。长160米，宽2.7米。大、小新桥巷南侧为新桥河，河巷并行。巷内东半部北侧为耦园。（参阅：园林“耦园”条，人物传记“沈秉成”条）

大柳枝巷

在大新桥巷北，丁香巷南。西起平江路，东出仓街。长360米，宽3米。

原名大柳贞巷，因巷内有柳贞女墓而得名。《吴门表隐》卷十载：“大柳贞巷内有柳贞女墓。丽姬巷内有丽姬冢。相传在

充满生活气息的街巷

大柳枝巷

民家，俱明太祖破苏城时死节者。”1968年改今名。卢《志》作刘真巷；明王鏊《姑苏志》作流真巷；冯《志》作柳贞巷，并注：“新桥巷北，有柳氏贞女，故名。旧名流真。”民国《吴县志》并注：“康熙《志》：新桥巷北。同治《志》作柳贞巷。谓有柳氏贞女，故名。旧名流真，今称大柳贞巷。”范《坊巷吟》有《流真巷》：“岁晚霜风飒飒鸣，起扶藤杖市街行。流芳彤管真成实，柳女偏能独葆贞。”诗后注：“俗名大柳贞巷，因柳氏贞女居之而就厥谐改号柳贞。按柳贞巷中有石人甚古，曾显灵捕盗，香火遂盛，载徐模廷《记》。”

9号清慎堂王宅，13号徐宅，均为苏州市控制保护建筑。18号邓氏祠堂，为苏州市文物保护单位。

附：大柳枝巷北、丁香巷南有石人弄。石人弄，旧时有小型石人庙，屋边有巷通丁香巷。传为奉祀宋代抗金名将岳飞部下王横。石像俗称石老爷，高1米许，由苏州博物馆保存。

小柳枝巷

西起仓街，与大柳枝巷相对；东至娄门内城河。长176米，宽2.5米。原名小柳贞巷，1968年改为今名。《吴门表隐》卷十二载：“小柳贞巷贞节坊为方普聘室申氏立。”大、小柳枝巷南侧有柳枝河，河巷并行。

丁香巷

在大柳枝巷北，胡厢使巷南。西起平江路，东出仓街。长360米，宽2米。

传巷内有大丁香树，故名。卢《志》作丁香巷，《苏州城厢图》标丁香巷。范

丁香巷

《坊巷吟》有《丁香巷》："巷曲无尘好踏歌，浅愁残醉两婆娑。儿家自是风流歇，尚恶丁香紫色多。"诗后注："在流真巷北。"并有诗题丁香巷中小弄堂——《小石子弄》："偶向城东僻处寻，人烟漠漠昼愔愔。一堆石子虽言小，大可铺平万劫心。"诗后注："在丁香巷中。"

附：丁香巷北、胡厢使巷南有小石子街、中家桥巷、财神弄。

胡厢使巷

在丁香巷北，白塔东路南。西起平江路，东至娄门内城河。长514米，宽2.1—3米。

一名胡厢使桥巷，俗呼胡相思巷。范《坊巷吟》有《胡厢使桥巷》："石像庵荒石像颓，修罗劫后又徘徊。职官厢使名虽废，犹识胡家僻巷来。"诗后注："今名胡厢使巷，俗名唐巷。宋淳熙间，僧清一垦土得石像，建石像庵于此。"巷南侧为胡厢使河，河巷并行。

厢使为宋代武官名。据考，宋代都城设有四厢，厢使是设于四厢处理治安和民间纠纷的一种官职。当时苏州疑置一厢，厢使姓胡，居处之巷、桥都因而得名。《姑苏志》有"观音庵，在东南隅，宋淳熙间，僧清一建"之句。《姑苏城图》标胡相思巷；《吴县图》将仓街以西段标大胡想思巷，仓街以东段标小胡想思巷。今合一，更名为胡厢使巷。

16号为丁宝之宅。丁宝之（本名丁从善，字宝之，以字行）在此创办独资的三吴丝织厂（曾名三吴绸厂），为早期引进铁机的10家丝绸工厂之一。1956年公私合营时三吴丝织厂并入苏州振亚丝织厂。街区整治修建时，在胡厢使巷西口建传统六角亭，取名三吴亭，纪念巷内这位民族资本家。三吴亭与垂直相交形成双桥景观的唐家桥、胡厢使桥共成一景。

27号对面有高氏节孝坊，保存完好。据《吴门表隐》，胡厢使巷钟家桥节孝坊是为陶士龙妻高氏立的。乾隆《江南通志》"人物志"中载陶士龙妻高氏为长洲人。此牌坊为花岗石贞节牌坊，北向，高4.8米，宽2.73米，柱宽0.37米。两柱间二横枋都雕有凤鸟及其他纹样，顶上二横枋上也都雕有花纹；坊顶牌楼二层

胡厢使巷

胡厢使巷节孝坊

形制，左右各一小屋面，中间一层宽屋面耸起，屋檐下方竖额雕有“圣旨”二字。边上有今修缮的花岗石“胡厢使巷节孝坊”碑记。

34、35号为蒋氏义庄。清光绪九年（1883）监生蒋兆烈等奉其曾祖蒋镐遗志创建，民国《吴县志》称其为“善行蒋公祠”，又称淞荫义庄。宅坐北朝南两路六进。2019年8月被列为苏州市文物保护单位。40号为唐纳故居。（参阅：名人故居“唐纳故居”条）

附：胡厢使巷北、白塔东路南有棋杆弄、孙家弄。

棋杆弄，相传明初商人沈万三有故宅在此，弄以宅前有旗杆石而得名，“棋”应作“旗”。

白塔东路

在胡厢使巷北，传芳巷南。东西向横穿平江路、仓街，东与娄门内大街相接，西至临顿路。原名白塔子巷。《红兰逸乘》：“白塔在临顿里白塔子巷，有白塔雕刻佛像，今在人家壁中。”今白塔无存。东白塔子巷在白塔子桥（《平江图》上标东章家桥）东。长846.7米，宽9—14米。

白塔东路

1980年定为今名。

平江路口保吉利桥南古名笮里，是三国时期吴国大夫笮融所居地，故而得名。

1号为东园。（参阅：园林“东园”条）

60号内有北半园。（参阅：园林“北半园”条）

65号为平江路游客中心，位于平江河西侧，2010年5月1日投入使用，向游客提供免费的旅游咨询服务，同时配备游客休息区、手机充电设施、医务室等。

附：白塔东路北、传芳巷南有蔷薇弄、东新民巷、北石子街。白塔东路东端向北折至东北街为娄门内大街。

娄门内大街

西南起白塔东路，至东北折北至北园路。长830米，宽13米。平江路区域内路段西南起白塔东路，至东北折北至东北街，长530米。沥青路面。因位于娄门内得名。

传芳巷

在白塔东路北，东麒麟巷南。东出仓街，与北张家巷相对；西出平江路，过庆林桥，与狮林寺巷相对。长405米，宽

传芳巷

2.1—3.5米。

冯《志》作传芳巷，并注：“兴隆巷北。”民国《吴县志》并注：“康熙《志》：兴隆巷北。”《姑苏城图》标船坊巷，《苏州城厢图》标北传芳巷，《吴县图》标传芳巷。范《坊巷吟》有《传芳巷》：“卜居日日自成邻，车马声稀更绝尘。但愿流传芳事在，巷犹如此况于人。”

2号为太原王氏义庄。王家禄祖辈祠堂，又称王家祠堂。清咸丰六年（1856）建，原是一路四进九开间的大祠堂，沿河有照墙。王氏世祖王继宗的故祖官居二品。清末民初，王氏后裔王家禄在东中市设钱庄，是苏州金融巨头之一。其房屋遍布葑、阊两门及王天井巷。1937年王家禄举家迁沪，房产委托总管王鼎仁代理，1939年秋无偿借给高德峰开办小学。建筑保存较好，砖雕门楼1963年由市文管会拆去保存。头门有清江苏布政使司所立碑石。第二进大厅虽陈旧但原样未变。第三进神龛厅，又称楠木厅，是罕见的全楠木厅，保存完整，高大宽敞，粗木圆柱，石柱础，双翻轩，楠木雕花长窗6扇，磨砖铺地。第四进已拆除原屋，1981年改建三层教学大楼。还有百年桂花树2棵、蜡梅2棵、山茶花1棵。1983年被列为苏州市控制保护建筑。2009年7月10日被列为苏州市文物保护单位。3号是书画篆刻家高石丁（名慧明）故居，现由其妻开伴园私房菜。

附：传芳巷北、东麒麟巷南有后芳弄。

北张家巷

在白塔东路北。西起仓街北口，接传芳巷；东至东园。长243米，宽2.25米。

有两条张家巷连接仓街，该巷在仓街北段，故名，另一条名中张家巷。

9号沈宅建于清同治年间，是道台沈澄之宅第。共二路七进十七间，有小型雕

北张家巷

东麒麟巷

花楼，设计精巧，是清代建筑中结构庞大、布局精致、装饰考究的宅第之一。20世纪六七十年代毁坏严重，后做民居，建筑外立面多已改变，雕花楼建筑虽保存旧观，但雕刻损毁严重。1982年被列为苏州市文物保护单位。

东麒麟巷

在传芳巷北。西起平江路，东至桥湾街，与葛百户巷相对。长333米，宽2.23米。

古作骑龙巷，讹为麒麟巷。《姑苏志》作骑龙巷，并注："张香桥巷。"冯《志》作麒麟巷，并注："张香桥南，旧名骑龙巷。"《姑苏城图》标麒麟巷，《苏州城厢图》标东麒麟巷。该巷北侧有三家村，旁有水池曰"龙潭"。《吴门表隐》卷十载："龙潭在三家村（郡城中有十三处），左右支河，时有万鲤来朝之异。明洪武时，孽龙为患，殃民害禾。里士沈道基延承天寺名僧某驱之去，鲤不复聚。因建水神庙在潭前，以镇之。东偏建桥，名曰聚（今误作徐）鲤鱼桥，里名骑龙（今名麒麟）巷。"

藏书家顾至住于巷内（顾至，原名玉台，字于山），故称"骑龙巷顾氏"（见

葛百户巷

《藏书纪事诗》卷四)。《吴门表隐》载，有孝节妇管氏，为沈国棠妻，“早寡抚子，孝事衰翁。道光四年十月二十四日，邻火延烧，氏入火救翁出，复冒焰抢祖先栗主，被焚死”。

17号为华宅。初建于清乾隆三十四年(1769)，一路四进。清末民初，由外跨塘下塘街乡绅华庚生出资购得，故称华宅。现存第三进大厅，面阔三间，梁架扁作承重，山脊设山雾云和抱梁柱，前廊鹤胫轩，后界船篷轩，楠木质落地长窗雕刻精细，廊檐下有众多木雕饰纹和挂落，三间木雕图案各不相同，西间为张良拜师，中间为福禄寿三星，东间为渔樵问答。第四进为楼厅，楼板搁梁上雕有和合图，其工艺和用材皆上乘。仅存的一座砖雕门楼在大厅天井前，雕工讲究，原额为俞樾题书“率履不越”(意为女眷傍晚不可逾越此门楼)，遭盗窃遗失，今“宁静致远”额由书法家谭以文题。1983年被列为苏州市控制保护建筑。2002年被列入苏州49处亟待维修的古建筑名单。2005年对第四进楼厅实施抢修。现存建筑多做民居，第四进楼厅作为“苏州市文物保护志愿者之家”保护性使用。

葛百户巷

在北张家巷北，西接东麒麟巷，东至娄门新村。长368米，宽2.37米。

卢《志》作葛家巷；冯《志》作葛百户巷，并注“麒麟巷南”；民国《吴县志》并注“骑龙巷东”。曾一度改名敢闯巷，1980年复名。《姑苏城图》标葛伯弄，《苏州城厢图》标葛百户巷。

附：东麒麟巷、葛百户巷北有大管弄、桥湾街、聚鲤弄、张香桥下塘。

张香桥下塘，起自张香桥南堍沿河，故名。《姑苏城图》有路标，未注巷名；《吴县图》同，唯稍南标作梅园里。该巷东面有东田头，20世纪60年代为金粉厂厂址。

濂溪坊

南起干将东路，北至大郎桥巷。长80米，南段拓宽至6米，北段宽3米，为小长方形砖石路面。民国《吴县志》作财神弄，并注“丁家巷东”。后更名濂溪坊。

1980年前，在临顿路与平江路南端之间，有一东西向路段（西起顾家桥，东至苑桥），名濂溪坊，现为干将路之一段。宋以前名布德坊，又名资寿寺巷。宋代理学家周敦颐（别号濂溪老人）居此讲解道学，名声大振。周敦颐殁后郡人念之，明天顺五年（1461），在其宅建祠，名濂溪祠，并建牌坊，住地遂由原名资寿寺巷更名为濂溪坊。民国《吴县志》载：“资寿寺巷，今名濂溪坊。”1980年后，陆续将狮子口、新学前、濂溪坊、松鹤板场、干将坊合并连接而成干将东路。为保存历史地名，将其北侧财神弄更名为濂溪坊。

丁家巷

在濂溪坊西。南起干将东路，北至大郎桥巷。长88米。1994年，将2.7米宽路面拓宽至10米，改水泥道板路面为沥青路面。

丁家巷

原称丁晋公巷、丁晋公坊，南宋嘉泰元年（1201）易名为丁家巷。因是北宋淳化年间丞相丁谓故里而得名。丁谓（966—1037），字谓之，后改字公言。长洲人。北宋大臣，累官同中书门下平章事、昭文馆大学士，封晋国公。

大郎桥巷

东起平江河，西至临顿路，为平江路西侧南起第一条东西向街巷。长391米，宽3—7米。

原名庆源坊、庆原坊，宋范成大《吴郡志》卷六：“庆源坊，大郎桥东。”《平江图》标庆源坊，标牌坊于巷西口（大郎桥东堍）。卢《志》并注：“庆原坊，大郎桥东，丞相丁谓所居，旧名晋公坊，今有丁家巷，嘉泰初易今名。”巷东段称师（思）婆桥巷，西段名大郎桥巷。《平江图》中，巷西端有大郎桥，东端有寺东桥，寺即资寿寺，《吴地记》有著录，寺东桥即师（思）婆桥；《姑苏城图》中，巷东标师婆桥巷，巷西标大郎巷；《苏州图》标大郎桥巷。东西段曾合并统称建新巷，1980年10月正式定名为大郎桥巷，1994年又改名建新巷，2020年调整为大郎桥巷。

1、3号田宅，29号吴宅，均为苏州市控制保护建筑。61、63、65号是董氏义庄，清道光四年（1824）创建，现存朝南

两路三进。苏州市控制保护建筑。化学家顾翼东故居在巷内顾氏宝砚堂。(参阅:人物传记“顾翼东”条)

附:大郎桥巷北、钮家巷南有百合弄、东大园、西大园。

钮家巷

在大郎桥巷北,肖家巷南。东起平江河,西至临顿路。长414米,宽5.6米。巷南侧原有河,1958年填塞筑宽路面。

原名蓝家巷。宋蓝师稷居于该巷,故名。卢《志》作蓝家巷;冯《志》作钮家巷,并注:“萧家巷南,旧名銮驾巷。”民国《吴县志》作銮驾巷,并注引康熙《志》:“萧家巷南,俗名钮家巷。”《姑苏城图》标钮家巷。“蓝”“銮”,“家”“驾”,吴语发音相似,所以蓝家巷、銮驾巷、钮家巷,均为音韵之转讹。蓝师稷所居有万华堂,尽植牡丹。民国《吴县志》载:“万华堂在资寿寺后,蓝师稷提刑所居,植牡丹至三千株,多得洛中名品如玉盌白、景云红、瑞云红、胜云红、间金之类,无不有之,后以游宦不能爱护,惟胜云红存焉。师稷,字叔诚,开封人。”

钮家巷

钮家巷北侧原有凤池园。清韩是升《重修张武安君庙碑》谓周元王时吴太伯十六世孙武真宅,周宣王时有凤集其家,中有池,园名凤池。宋归顾氏。明为袁氏。清康熙三十四年(1695)河南巡抚顾汧归里,重金购回已易他姓的凤池园加以修葺,园内遍植四季花草,有武陵一曲、赐书楼、洗心斋、康洽亭、撷香、岫云、抱朴、见南山诸胜,园极大,池亦广,亭台楼阁无一不备。自作记云:“池清且涟,涝不溢,旱不竭。”顾汧,清顺天大兴人,长洲籍,字伊在,号芝岩。康熙十二年(1673)进士,授编修,官至河南巡抚。坐事罢。再起为礼部侍郎。又因故降官,终宗人府府丞,致仕卒。著有《凤池园集》。后顾家后代将凤池园出售给唐氏,唐氏子孙又分售他人,东归陈大业,中归王敬斋,西归潘世恩。

3、4号是潘世恩故居,宣统《吴县志稿》:“凤池园,在銮驾巷,俗呼钮家巷,顾都宪汧自中州归,得顾氏旧圃重修治之,益擅名胜,汧自有记。今其东归陈大业,名仍其旧,其中归王资敬,其西归大学士潘世恩。”现设为苏州状元博物馆。（参阅：名人故居“潘世恩故居”条，人物传记“潘世恩”条，博物馆“苏州状元博物馆”条）

5、6号新一里为王宅，是苏州市控制保护建筑。8号陈宅、27号真觉庵，均为苏州市控制保护建筑。（参阅：名人故居“钮家巷王宅”条）

9号为江氏文学山房旧书店。（参阅：学校书店“文学山房旧书店”条）

1957年上映的电影《女篮5号》在钮家巷取景，记录了钮家巷河未被填没时的风貌：河街相邻，河上跨有一座座通户廊桥。

附：钮家巷北、肖家巷南有凤池弄、志恒里、东升里、酱油弄。

凤池弄，沿平江河至肖家巷东口雪糕桥西堍，沿用了“凤池园”“凤池里”的旧地名。

志恒里，为中西合璧式里弄，为便于通行，营造了过街楼下的南北向小弄。

东升里，南起钮家巷，北至肖家巷，曾名阴元和堂。其中自南向北至阴元和堂路段在清代及民国时期曾名神道街。1938年时北半段称阴元和弄，南半段称神道弄。1940年统称阴元和堂。

酱油弄，与东侧东升里由南向北折东处相接，向西折北至肖家巷。

2019年，将志恒里、东升里、酱油弄打造为东升里艺术文化街区，用墙绘、涂鸦、装置等艺术手段对3条背街小巷进行艺术化改造。现有右见文化、巴黎会馆、鹿人画廊、一甲等文化艺术机构入驻。

肖家巷

在钮家巷北，大儒巷南。旧时作萧家巷。东过雪糕桥达平江路，西至临顿路。长413米，宽3米。

《吴门表隐》卷四载：“萧王墓在萧家巷中萧氏双节堂下（今属陈氏），并祀王于寝。”旧又称九曲墙巷、周将军巷，后误为肖家巷。卢《志》作萧家巷；《姑苏志》误为两巷，即同时列周将军巷、萧家巷，并于“周将军巷”下注：“醋坊桥东，旧名九曲墙巷，吴周瑜故宅，宋周虎居此，故名。”《姑苏城图》标萧家巷。范《坊巷吟》有《九曲墙巷》：“残烽零劫不胜嗟，人事沧桑岁月遐。双节堂今频易

肖家巷

主，依然瘦巷认萧家。”诗后注：“一名周将军巷，今名萧家巷，在醋坊桥东。按萧家巷中有萧王墓，萧氏双节堂下今属陈氏，并祀王于寝。载《吴门表隐》。本萧氏有双节堂，既为周虎所得，遂易闲贵堂。后有台环以古桂数千本，名曰‘凌霜’。宅东又有陂陀，立亭其上，日已高其地，称九曲墙巷。”（参阅：人物传记“周虎”条）

清藏书家姚觐元居巷内，其书斋名咫进斋，与子慰祖广搜秘籍，藏书甚丰。姚觐元在蜀为官时，得到晋杨宗石阙题字，带回苏州，故书斋又名“晋石厂”。刊刻《咫进斋丛书》，为世所重。其子慰祖刊刻《晋石厂丛书》。

15号艾步蟾故居为苏州市控制保护建筑。（参阅：名人故居“艾步蟾故居”条，人物传记“艾步蟾”条）

附：肖家巷北、大儒巷南有新弄堂，与迎晓里相对。

大儒巷

在肖家巷北，南石子街、南显子巷南。东起平江路，西至临顿路。长403米，宽7.3米。巷南侧原有河，1958年填塞拓宽成路面。

巷因明代大儒王敬臣居此得名。卢《志》作大树巷，《姑苏城图》标大儒巷。民国《吴县志》：“大儒巷，康熙《志》：‘显子巷南。’同治《志》：‘因王敬臣得名。’案：报恩塔砖残文有道义乡大木巷字，今道义乡无大木巷，疑此巷于古为大木巷转为大树，后因王敬臣居之而转为今名。”又载：“遵义知县王节愍公佐圣宅在大儒巷。”范《坊巷吟》有《大树巷》：“故家居此比河清，不见杈丫树老成。先代大儒传巷遍，竟无人话敬臣名。”诗后注：“一作大儒巷，以明王敬臣得名。在临顿路兵马使桥北。”（参阅：人物传记“王敬臣”条）

大儒巷

8号为德邻堂吴宅。38号为昭庆寺，是苏州市控制保护建筑，现为苏州市姑苏区文化馆昭庆寺分馆、苏州图书馆昭庆寺分馆。44、45、46、48、49、51、52号为端善堂潘宅，是苏州市控制保护建筑，此宅部分建筑已复修，建姑苏小院，由苏州文旅集团经营。54号是移建后的丁宅。（参阅：保护更新“修复利用”条，名人故居“端善堂潘宅”条，人物传记“潘镒芬”条）

迎晓里

南起大儒巷，向北穿过南石子街与南显子巷相接处，直至悬桥巷郭家桥。长253米，宽1.8米。

原名仁孝里，因所居王敬臣处世仁孝，故名。冯《志》作仁孝里，并注："在道义街，即仁孝坊，明万历年时知府朱文科为王敬臣立，因宅在，表其居。"范《坊巷吟》有《仁孝里》："不辞微雨垫中初，乞得明时种晚蔬。坊里标题仁孝字，先儒端念敬臣居。"诗后注："即仁孝坊，因王敬臣宅在，表其居，故名。在大儒巷。"

《姑苏城图》标仁孝里。1970年改名为迎晓里。仁孝里旧门牌起讫号为1—21号；改为迎晓里后，新门牌起讫号为1—22号。其中仁孝里2号（旧门牌）改为迎晓里一弄，弄内新门牌起讫号为1—10号。

《吴门表隐》作者顾震涛居仁孝里。（参阅：人物传记"顾震涛"条）

南石子街

在大儒巷（东段）北，北显子巷南。东起平江路，西至迎晓里，与南显子巷相对。长327米，宽2.3米。

旧时为泥土路，后用碎石子铺设街道，因而得名。民国《吴县志》作南石子街，并注："南显子东。"《姑苏城图》标石子街。

南石子街

12号为徐氏春晖义庄，清宣统元年（1909）旌表孝女徐淑英承其父徐佩藻遗志创建，江苏巡抚陈启泰牍奏请旌并饬司存案。现西路存一厅，三开间，雕花扁作梁。苏州市控制保护建筑。10号是苏州市大儒实验小学校。5、6、7、8、10号，迎晓里12号为潘祖荫故居。（参阅：名人故居"潘祖荫故居"条，学校书店"苏州市大儒实验小学校"条，人物传记"潘祖荫""潘丁达于"条）

附：南石子街北、悬桥巷南有尚堂弄。

南显子巷

在大儒巷（西段）北，北显子巷南。东至迎晓里，西至临顿路。长183米，宽3.4米。

卢《志》作南显子巷，《姑苏城图》标大蚬子巷，《苏州城厢图》等标南显

顾家花园

南显子巷

子巷。

18号为安徽会馆原址，现为苏州市第一初级中学，内有惠荫园，为江苏省文物保护单位。（参阅：园林“惠荫园”条，会馆寺庙“安徽会馆”条，学校书店“苏州市第一初级中学”条）

顾家花园

南起南石子街，北至悬桥巷（顾家桥）。长275米，宽1.5—4.5米。

该巷北段明时有归湛初宅园，洞石玲珑。后归胡汝淳，改名洽隐山房。清初圮败，其一隅归顾其蕴，重事缔构，种花植树，因多植名贵山茶，故名“宝树园”，顾其蕴孙顾秉忠又筑安时堂，并有结蘅草庐、澄碧亭、芥圃诸构，俗称顾家花园，巷因园名。太平天国运动后，园废，但巷名沿用至今。《吴县图》标顾家花园。

4-1号为顾颉刚故居。（参阅：名人故居“顾颉刚故居”条，人物传记“顾颉刚”条）

13号为苏州市控制保护建筑，物理

学家苏肇冰曾居此。苏肇冰1953年自江苏省立苏州高级中学毕业，考入北京大学物理系，1994—1998年任中科院理论物理研究所所长，为中科院院士、发展中国家科学院院士。

北显子巷

在南显子巷北，悬桥巷南。西至临顿路，东不通。长107米，宽2.4米。卢《志》作北显子巷；《姑苏城图》标小显子巷，图示东至仁孝里（今迎晓里）；《苏州城厢图》标北显子巷。

悬桥巷

在南显子巷北，菉葭巷南。东起平江路，西至临顿路，与旧学前相对。长414米，宽2米。

卢《志》作迎春巷。唐万岁通天元年（696）析吴县设长洲县，在今玄妙观之北建长洲县署，县署东（今旧学前口）有桥名县桥，于是就将迎春巷改为县桥巷，一名员峤里。相传明万历年间，魏忠贤在巷内造真馆，为安全起见，专门建造了悬桥控制人员进出，从那时起，此巷就改作悬桥巷了。冯《志》作悬桥巷。民国《吴县志》并注：“古名迎春巷。案：《吴郡志》：

悬桥巷

‘天宫坊迎春巷。’考《平江图》，天宫坊正在悬桥巷口，一名员峤里。”巷西口有悬桥（《苏州城厢图》标苑桥），巷以桥名。《姑苏城图》标悬桥巷。宣统《吴县志稿》：“高士徐波宅，在悬桥巷，明季弃家入郭山读书，以其宅与外孙许眉叟，有圆峤仙馆，精雅宏敞。”顾颉刚在《记三十年前与圣陶交谊》一文中记述，叶圣陶幼年时居潘氏宗祠（潘氏松麟义庄内）西，他居潘祠南，清光绪二十七年（1901），他与叶圣陶都在张氏塾中读书。

23、25号曾是现代名中医钱伯煊悬壶济世之处。27、29、31号为洪钧故居。（参阅：名人故居“钱伯煊故居”“洪钧故居”条，人物传记“钱伯煊”“洪钧”条）

37号查宅为苏州市控制保护建筑，清代建筑，一路四进。第二进大厅三开间，前有翻轩，后有屏风，青石扁形鼓墩础。第三、四进为楼，梁枋、长窗、栏杆、挂落雕刻精细。有“克昌厥后”砖雕门楼一座。题额取自《诗经·周颂·雍》中“燕及皇天，克昌厥后”句，“克昌厥后”的意思是又能使他的子孙昌盛。

41号是丁氏济阳义庄。清道光十八年（1838）同知丁锦心遵其父遗志创建。现存庄舍三进。头门三间五檩，前有“丁氏义庄”砖额；后有门楼，额题“遗泽流长”。祠堂面阔四间12.3米，进深六檩9.6米，前有鹤胫椽翻轩。后堂三间。第一、二进以两庑连接，天井中植有丛竹。第二、三进以单间穿堂相通。

46号为潘氏松麟义庄，旧时作潘氏松鳞义庄，内有黄丕烈故居，现为平江华府酒店。（参阅：名人故居“黄丕烈故居”条，人物传记“黄丕烈”条）

附：悬桥巷北、菉葭巷南有蚕丝弄、楚春巷。楚春巷在西侧，因楚相春申君而得名。

菉葭巷

在悬桥巷北，曹胡徐巷南。东起平江路，西至临顿路。长415米，宽5米。

冯《志》作陆家巷，并注“一作菉葭巷”。旧时传因巷内有陆氏族人居住而

菉葭巷

菉葭巷旧貌

得名，然未见确证。《姑苏城图》东段为陆家巷，西段未标巷名，但其北侧标天宫寺；《苏州城厢图》标菉葭巷。民国《吴县志》载：“陆家巷，康熙《志》：其西即天宫寺前。同治《志》一作菉葭巷。”取谐音。菉即荩草，《诗经·卫风·淇奥》中有“菉竹猗猗”之句；葭，初生的芦苇，《诗经·秦风·蒹葭》中有“蒹葭苍苍”之句，取“菉葭”以增典雅韵味。范《坊巷吟》有《陆家巷》：“门户临流巷陌斜，伊人秋水渺无涯。陆家旧姓疑无据，尔雅庭溶改菉葭。”后注：“按：清邱庭溶，字鸿章……工书善画，居陆家巷，乃改陆家为菉葭，至今沿用也。”

10、11号及天宫寺弄1、3号为天宫寺，49、50号陈宅，均为苏州市控制保护建筑。天宫寺为旧时巷内著名建筑，设有仁寿堂、周急代赊局。仁寿堂为施药办学的慈善机构，周急代赊局专为无力治丧者服务。31号为居士林。（参阅：会馆寺庙“天宫寺”“居士林”条）

40号为苏州西乐器厂旧址，该厂是国内制作西洋乐器的主要厂家之一，生产提琴、曼陀林、吉他、尤克里里等，部分乐器外销美国、加拿大、德国等国家。2020年，江苏蓝园文化产业有限公司将老厂房提档升级、创意改造，建“蓝·菉葭乐坊”。

附：菉葭巷北、曹胡徐巷南有天宫寺弄、佛兰弄、陶家弄。

天宫寺弄，为天宫寺原址所在，故名。《姑苏城图》标天宫寺，南有桥，跨河（即菉葭巷旧时南侧之河）；《苏州城厢图》上，原天宫寺已标作东区警署，西侧并有“临平市民公社”字样，南端桥标作天宫寺桥，直通初春巷（今楚春巷）。

佛兰弄，弄内旧有佛兰家庵，故名。

陶家弄，弄内旧有陶举人宅，故名。3号有株黄杨，为国家一级古树，树龄540年，树高9米，胸径0.42米，冠幅东西7米、南北6米。

曹胡徐巷

在菉葭巷北，东花桥巷南。东至平江路，西至临顿路。长457米，宽2.5米。

卢《志》作曹胡徐桥巷；冯《志》作曹胡徐巷，并注“以桥得名”；或谓巷内旧时有曹、胡、徐三姓大户而得名。《姑苏城图》标曹胡徐巷。

17—23号周宅，51号朱宅，76号宋宅，均为苏州市控制保护建筑。53号门前有盛十贤祠界石2块。盛氏后裔称：“盛御史文肃公，食皇禄八百户于盛泽，后迁居苏城，殁葬于黄山，立祠娄门外，太平天国时祠毁。”后代盛旭人于曹胡徐巷建盛御史祠。盛氏历仕于宋，明时称“文肃世家”。明盛庸讨燕王有功，谥武庄公，钦赐“文武忠孝”匾额。今沧浪亭五百名贤祠画像砖刻中有“盛氏十贤”，祠内正殿有盛氏十贤之位。今为民居。

附：曹胡徐巷北、东花桥巷南有姑打鼓巷。民国《吴县志》载：“姑打鼓巷，曹胡徐巷中。姑疑当作顾。”范《坊巷吟》有《姑打鼓巷》：“风轻云淡日婆娑，寻赏追欢韵事多。痴黠小姑居巷陌，为挝花鼓踏吴歌。”诗后注：“在曹胡徐巷中。”

巷东端，南起此巷，向北折西至金刀桥巷，原称山茶树头。《吴门表隐》卷二载：“山茶树头在东花桥巷东，元人所植。”民国《吴县志》作山茶树头，注引《吴门表隐》上述语。《苏州城厢图》标小河沿，《吴县图》《苏州图》均标山茶树头。后，该弄折西至金刀桥巷的一段（与东花桥巷东口相对）并入东花桥巷，巷名遂废。

曹胡徐巷

东花桥巷

东花桥巷

在曹胡徐巷北，白塔东路南。东起平江路，西出临顿路。长400米，宽2.2米。

卢《志》作东花桥巷，民国《吴县志》并注："东白塔子巷南。"《姑苏城图》标东花桥巷，《苏州城厢图》标花桥巷。巷西端有桥名花桥，巷以桥名：桥东即东花桥巷，桥西即西花桥巷。花桥，唐代即负盛名，白居易诗"扬州驿里梦苏州，梦到花桥水阁头"中的"花桥"即是此桥。清代末期，资本主义萌芽，苏州个体纺织业蓬勃发展，花桥一带多个体纺织工场，业主需要雇用人力纺织。其时，许多没有生产资料的纺织工聚集在花桥上面，等待被业主雇用。纺织工人大都是花缎工，俗称花工。花工集于桥上，该桥便成为名副其实的花桥。

18号郑宅是控制保护建筑。该建筑建于清代，原为坐北朝南四路七进大宅，现存二路。东路三进较完整，第三进大厅，面阔三间10.8米，进深9.1米，山雾云等雕刻较精细。第三进门楼砖雕繁复，下有须弥座，题"令德贻芳"额。11号潘宅、41号杭氏义庄均为苏州市控制保护建筑。33号有苏州市文物保护单位东花桥巷汪宅。

巷内还有怀德堂凌宅，今大门在姑

打鼓巷3号。清代建筑。坐北朝南，原三路五进。现存西路楼厅和中路二进楼厅。中路后进楼厅五开间，底层前檐有落地长窗16扇，明间（建筑物居中的那一间）后部有纱隔12扇。厅前门楼额“元旋叶吉”，清乾隆四十四年（1779）款，上下枋雕戏文人物，甚精。巷内旧时有大智寺。（参阅：名人故居“东花桥巷汪宅”条）

附：东花桥巷北、白塔东路南有金刀桥巷、祝家园、赛银巷。

金刀桥巷，传巷以桥名，桥因年久废弃，巷名沿用至今。实为从原祝家园中分出之巷。民国《吴县志》录连家园，连家园旧时范围颇大，在《姑苏城图》上，东花桥巷东段北面标横街、拗花弄、折枝弄，均属连家园。《苏州图》上则分标祝家园、金刀桥巷。

原有泑花弄，在金刀桥巷西，原作窅窱弄，窅窱即桂花，《宋平江城坊考》的《附录》中指出“桂华”当读作“拗华”，因此窅窱弄俗称拗花弄。《姑苏城图》标拗花弄，南接东花桥巷，往北折西接折枝弄。《苏州城厢图》中未标泑花弄、折枝弄。《吴县图》中，拗误作泑，而折枝弄已了无踪迹。

狮林寺巷

在白塔东路北，潘儒巷南。东起平江路（庆林桥），西至临顿路。全长370米。

狮林寺巷

东段长180米，宽5.6—6.6米。

民国《吴县志》作狮林寺巷，并注“同芳巷北”。《姑苏城图》标狮林寺巷（巷北依次标有狮林寺、狮子林、五松园）。因邻近元代古刹狮林寺，寺后花园即为狮子林，故名。曾名狮子林巷，1980年复名。

72、75号系德裕堂张宅，明代建筑，为苏州市控制保护建筑。现存两厅，东西并列。西厅三间，梁架扁作，前翻轩。梁檩彩绘隐约可见。梁底细雕方胜，棹木椭圆形，雕狮象走兽，贴金，山雾云精雕贴金。青石柱础，斜铺方砖地。厅前门楼额“德裕后昆”，雕方胜、笔锭、如意、碗花及垂莲。东厅面阔三间11.2米，进深10.6米，无雕饰。

附：白塔东路北、狮林寺巷南有桐芳巷，东出园林路，西出临顿路，1992年10月至1996年8月建桐芳苑住宅小区，现巷在小区内。相传元末张士诚在此处建桐芳阁。《红兰逸乘》卷一载：“张王得美人，择其最姝丽者贮以蕙香、桐芳二阁，今桐芳巷在城北隅。”卢《志》作同芳巷，民国《吴县志》注：“今俗名桐芳巷。”《姑苏城图》标桐坊巷，《苏州城厢图》标桐芳巷。范《坊巷吟》有《桐芳巷》：“姑苏旧事重淮张，艳说风流迹尚香。何处藏娇是金屋，绿阴巷陌认桐芳。”清弹词名家马如飞住该巷内。（参阅：人物传记“马如飞”条）

狮林寺巷北、潘儒巷南有新造桥下塘、坝上巷、吴绣弄。

新造桥下塘在狮林寺巷北，向东沿河折北至潘儒巷东端潘家桥，西至坝上巷。《姑苏志》作南白塔子巷。冯《志》作吴家巷，并注：“新造桥南堍，一名南白塔子巷。”民国《吴县志》并注：“新造桥古名善教桥巷。今俗呼新造桥南弄。”《吴县图》标新造桥下塘。潘家桥，处庆林桥北，跨第四直河，《姑苏城图》标新造桥，1980年调整重名时，因桥在潘儒巷东端，定为今名。该巷自桥西堍南面，沿河西岸向南折西而行。

坝上巷在狮林寺巷北，东接新造桥下塘，西至园林路。原名坝上，20世纪50年代起称坝上巷。《吴县图》南北两段均标坝上，民间称北巷为北坝上巷，南巷为南坝上巷。吴县刺绣总厂曾在巷内，后整治改建为金谷里艺术馆。该馆是一个公益性的文化交流平台。

潘儒巷

在狮林寺巷北。东至平江路，西出临顿路。长415米，宽3.1米。

《姑苏志》作章家桥巷；冯《志》作潘儒巷，并注：“旧名潘时用巷。在狮林寺巷北，相传宋章綡居此，故又名章家桥巷。元潘元绍又居之，宅甚广，左右皆有别业，狮子林在焉。”民国《吴县志》作潘时用巷。《吴县图》标潘濡巷。范《坊

潘儒巷旧貌

巷吟》有《潘儒巷》："曳履城东缓缓行，桥头旧巷足移情。遗闻竞说章综宅，驸马兴居乃易名。"

22号为胡家祠堂（祭祀宋代学者、天章阁侍讲胡瑗。胡协助范仲淹办府学，以经术教授吴中）。31号为王氏惇裕义庄，清同治十二年（1873）进士王笑山建造，是一路四进六开间仿明建筑。现尚存祠堂临街门房、天井两旁廊屋、"王惇裕义庄"石碑1块、仿明宫殿型神龛厅、雕刻门楼和梅花长窗13扇。1937年抗日部队借此居住，1954年为潘儒小学所使用，1983年被列为苏州市控制保护建筑，1998年被列为苏州市文物保护单位，现由苏州民俗博物馆使用。69号原为永灵庵。75—77号原为王笑山故宅。79-1号吴锺骏故居为苏州市控制保护建筑。1924年吴宅易主，为伤科医生闵采臣所得，故吴锺骏故居又称闵采臣宅。（参阅：名人故居"吴锺骏故居"条，人物传记"吴锺骏"条）

附：潘儒巷北有丑弄、石家角、焦言浜、混堂弄。

石家角，南起潘儒巷东段，向北折东抵平江河。《吴县图》标石家角，但路标止于平江河西，尚无桥通平江路。巷内4号曾为丰备义仓，建于清宣统年间。1983年，丰备义仓旧址被列为苏州市控制保护建筑。

焦言浜，东起周通桥南堍，西至混堂

园林路

弄。民国《吴县志》作蕉园浜，并注："潘儒巷中，俗名椒盐浜。"疑旧时河边有蕉园，故名。《姑苏城图》标椒盐浜，《苏州城厢图》标焦盐浜，《苏州图》标焦言浜。1953年筑园林路时，该弄被穿过，遂分为二，东段俗称东焦言浜，西段俗称西焦言浜。

园林路

南出白塔东路，北至东北街，直对拙政园原园门。长420米，宽9.5米。

民国《吴县志》作大井头，并注："金家花园北，一名神道街。"《苏州城厢图》标大井头，《吴县图》标神道街。原街面极为狭小，名神道街。1953年在其基础偏东侧拓宽路面，因在狮子林东侧、拙政园南面，遂更名园林路。

南段多经营玉石的商铺。北段原有眼目司庙。据《吴门表隐》，宋时建庙，因庭中有紫荆树，枝叶能疗目疾，故名。清咸丰十年（1860）庙毁，同治年间重建。中段原为狮子林宅第东侧部分，现移用为苏州民俗博物馆。（参阅：博物馆"苏州民俗博物馆"条）

23号为狮子林。（参阅：园林"狮子林"条）

House

河道桥梁

平江路区域河道交叉，桥梁密集。这里的河道历经变迁，从《平江图》可以看出，宋代，该区域河道的格局已基本形成，明代贯通多条东西向河流，奠定了今日河道的格局。20世纪五六十年代填没了部分河道，如今部分河道恢复通水，区域内共有河道二纵六横共计8条。纵横的河道催生出多而密的桥梁，这里的桥梁历史悠久，最早的可上溯至春秋时期，少数始建于唐朝，始建于宋代的桥梁数量最多，也有明清古桥和新建桥梁；这里的桥梁类型各异，有平桥，有拱桥，有石桥，也有钢筋混凝土建成的桥；这里的桥梁千姿百态，有的古朴，有的精巧，在河道交叉处还形成双桥景观，可谓每一座桥有每一座桥的风韵，每一座桥有每一座桥的特色。本志记载区域内桥梁33座，新建无名桥梁及东园内部桥梁未记。

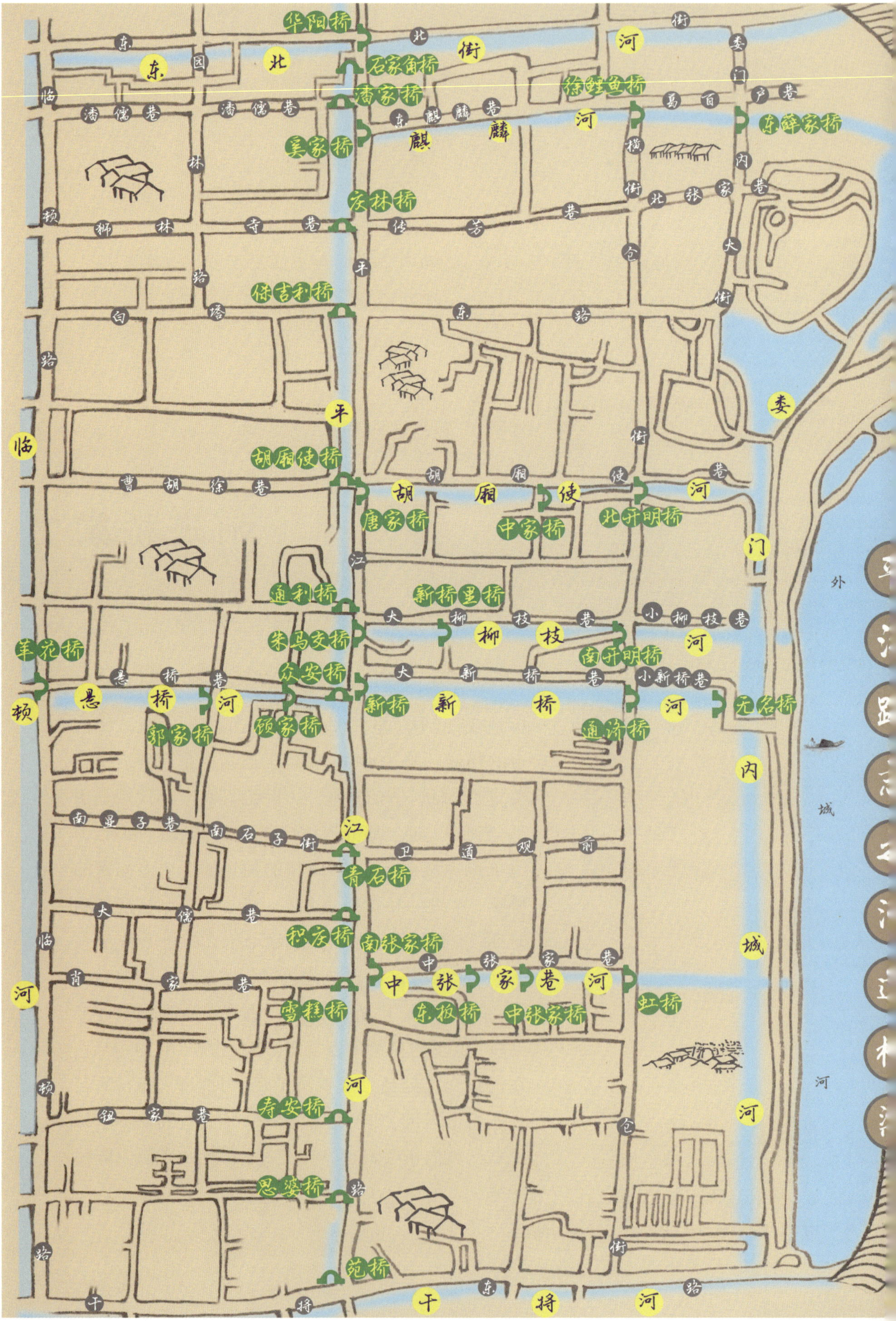

东北街河
麒麟河
平江河
临顿河
胡厢使河
柳枝河
悬桥河
新桥河
中张家巷河
娄门内城河
干将河
外城河
华阳桥
石家角桥
潘家桥
吴家桥
庆林桥
保吉利桥
徐鲤鱼桥
东薛家桥
胡厢使桥
唐家桥
中家桥
北开明桥
通利桥
新桥里桥
朱马交桥
众安桥
南开明桥
羊花桥
郭家桥
颜家桥
新桥
通济桥
无名桥
青石桥
积庆桥
南张家桥
雪糕桥
东板桥
中张家桥
虹桥
寿安桥
思婆桥
苑桥
东北街
东园
临顿路
潘儒巷
东麒麟巷
葛百户巷
横街
北张家巷
娄门内大街
狮林寺巷
传芳巷
平江路
白塔东路
仓街
曹胡徐巷
胡厢使巷
大柳枝巷
小柳枝巷
悬桥巷
大新桥巷
小新桥巷
南显子巷
南石子街
卫道观前
大儒巷
肖家巷
中张家巷
钮家巷
干将路
东路

平江河

在平江路区域河段，位于平江路西侧，南起干将河，北入东北街河。长1606米，宽5—6米。一般认为，平江河是建造阖闾大城时开挖的城内主干河道，宋《平江图》、清《苏郡城河三横四直图》标注。《苏州市志》（1995年版）载，至1980年，基本保持和恢复了三横三直骨干水系的昔日风采。“第三直河（原第四直河），即平江河。”1980、1991—1992、1995年疏浚。1982年拓宽河面，重修驳岸。

娄门内城河

南起干将东路北侧，北入东北街河。长1630米，宽4—14米。1949年后自小新桥巷至干将河一段被填没，后恢复被填没的南段，虽未沟通干将河，但在恢复中张家巷河及相门水门两处时沟通了外城河，新建水关桥闸。

中张家巷河

西起平江河南张家桥，向东经东板桥、中张家桥、虹桥，至外城河，为平江河东侧东西向第一条支河。长607米，宽7米。1958年前基本保持原有格局，其河道线位、桥梁及河埠头与历史地图上的基本一致。20世纪50年代末河道被填埋。

为恢复古城重要片区的水网系统，连通内外城河道水系，再现历史风貌，启动中张家巷河道恢复工程，2019年底完成河道恢复，2020年3月顺利贯通，实现通水，是新中国成立以来古城内第一条恢复的河道。

新桥河

西起平江河新桥，向东经通济桥至娄门内城河，为平江河东侧东西向第二条支河。长620米，宽5米。1980、1990、1996—1997年疏浚。北岸为大新桥巷、小新桥巷。

柳枝河

西起平江河朱马交桥，向东经新桥里桥、南开明桥至外城河，为平江河东侧东西向第三条支河。长700米，宽5—6.6米。1980、1990、1993、1996—1997、2003—2004年疏浚。北岸为大柳枝巷、小柳枝巷。

胡厢使河

西起平江河唐家桥，向东经中家桥、北开明桥至娄门内城河，为平江河东侧东西向第四条支河。长530米，宽6米。1982年疏浚并整修驳岸，重建中家桥、北开

思阁茶坊

平江河

中张家巷河

新桥河

胡厢使河

柳枝河

麒麟河

明桥。1990、1993、1996—1997、2003—2004年疏浚。北岸为胡厢使巷。

麒麟河

西起平江河奚家桥，向东经徐鲤鱼桥至娄门内城河，为平江河东侧东西向第五条支河。长740米，宽4—8米。1974年、1980年疏浚，1982年修复和加固驳岸，1987、1992、1996—1997年疏浚。北岸为东麒麟巷、葛百户巷。

悬桥河

西起临顿河苹花桥，向东经郭家桥、顾家桥至平江河，为平江河西侧东西向支河。长420米，宽4米。1986、1995、2003—2004年疏浚。北岸为悬桥巷。

苑桥

跨平江河东西向第一桥，东西连接干

苑桥

悬桥河

将东路北侧半幅路面。东堍南侧与南北向跨干将东路、1994年建的真大桥北堍西侧垂直相交，构成新老双桥景观。

始建于春秋时期，唐《吴地记》、宋《吴郡志》、明《姑苏志》、清康熙《志》著录。《吴郡志》载："苑桥，在报恩光孝寺之西。故传：阖庐有苑囿，在其傍定跨桥下。长洲县前，旧为阖庐故迹。县前东南，故传：皆阖庐苑囿游憩之地。"范《坊巷吟》有《苑桥》："波路回环未拟遥，池台如画影相招。一春花絮吴王梦，负手闲吟过苑桥。"诗后注："在报恩光孝寺西，故传吴王阖闾有苑圃在其旁，故名。清康熙四十一年重修。"1964年、1981年改建，将石拱桥改建为钢筋混凝土预制板平桥，长5.35米，宽9.69米，跨径3.77米。1994年改筑干将路时重建，为单孔钢筋混凝土平桥，长8米，宽20米，跨径6米。花岗石雕桥栏，望柱上有石狮两对，中间桥名由吴进贤书写。

思婆桥

思婆桥

在苑桥北，跨平江河东西向第二桥。东连平江路，西堍与大郎桥巷相对。桥东堍有思婆桥简介。

始建于唐朝。宋《平江图》、明《苏州府城内水道图》（简称“《水道图》”）中均标寺东桥。因桥西有唐代古刹资寿寺而得名。范《坊巷吟》有《寺东桥》诗：“居家清绝抵僧寮，料理诗筒与酒瓢。我说师婆端可念，朝朝抱住寺东桥。”

资寿寺系尼姑寺院，尼姑俗称师婆。明《姑苏志》作师婆桥。吴语“师”“思”谐音，“思”引发人们联想，清嘉庆年间已从俗，改为思婆桥。宋时为单孔石梁桥。嘉庆十年（1805）重建，为单孔石阶石梁桥，桥面由4条宽50厘米的花岗石梁并列而成，桥栏是高约40厘米的长条花岗石，可供过桥人坐在桥栏上休息赏景。桥的主要结构是桥台排柱和两头雕有灵芝、宝莲的长系石，都是武康石。从材质、结构和雕刻上看，应是宋代遗物。1988年重修加固。现为单孔石板平桥，长11.2米，宽3米，跨径4.4米，高2.9米。东堍台阶10级，西堍台阶9级。桥西北金刚墙上嵌有青石碑一方，字迹已漫漶。

寿安桥

寿安桥

在思婆桥北，跨平江河东西向第三桥。东连平江路，西堍与钮家巷相对。

始建于唐朝，宋《平江图》、明《水道图》均标寺后桥。因桥前有唐代古刹资寿寺而得名。宋《吴郡志》“乐桥之东北”载有“资寿寺东桥、资寿寺西桥、资寿寺后桥”。明《姑苏志》则载有“资寿寺桥二”“资福桥”等名称。清初改称资福桥，同治年间又改名为寿安桥。

1960年拓修。1985年改建为石梁平桥，长4.4米，宽4米，高2.3米，跨径3.8米。保存宋代建制。桥面由6条石梁并列而成，下部平直，上部两端稍低，当中微隆，略有拱势，造型十分流畅。南侧边梁及北侧第二根梁为武康石梁，其余4条为花岗石梁，由于年代或产地不同，呈现深浅不一的色彩。武康石上刻有“重建寿安桥”字样，北侧是移来的清康熙年间的刻有“寿丰桥”三字的桥栏。东、西桥台排柱各由5条武康石组成，有“癸亥”“拾两”字样。石雕实腹桥栏，中间书写桥名（已风化）。桥畔立有刻着桥名及建桥资料的石碑。

雪糕桥

在寿安桥北，跨平江河东西向第四桥。东连平江路，西堍与肖家巷相对，西南接凤池弄。

始建于宋绍定年间，宋《平江图》、明《水道图》均标雪糕桥。宋《吴郡志》、明《姑苏志》和清康熙《志》、乾隆习寯《苏州府志》（简称“乾隆《志》”）均著录。《红兰逸乘》卷一载：“雪糕桥，昔张孝子抟雪为糕以奉亲，所居在萧家巷，祠亦在焉。其事详见《广新闻》。”孝子逝世后，里人将其就地安葬，后在墓旁立祠祭祀，并因孝子的事迹，将肖家巷口小石桥命名为雪糕桥。

清乾隆十八年（1753）、光绪三十一

雪糕桥

年（1905）先后重建。1945年重建，将砖砌石拱桥改为石板平桥，保留桥上原有的观音堂，构成“桥驮庙”的格局。1949年后，观音堂被拆除。1983年重修加固。1985年，按照保护整治中恢复历史原貌的要求重修，桥上再建长廊及庙堂，长5.8米，宽3米，高2米，跨径3.6米。桥面由5条花岗石并列而成。南侧3条桥面光溜，应为原物，朝南石板桥梁仍可见“重建雪糕桥”字样。北侧2条虽系旧石，但略有凹凸，不平整。桥台以4根条石组成排柱，青石与花岗石混杂。桥两头各有台阶4级，使桥面高出地面0.6米，方便船只通行。两头台阶中间各设有2条石斜坡，以便推行车辆过桥。廊桥南侧犹如水轩，临水砖砌桥栏高0.5米，上有一排吴王靠，可供游客憩歇，外面下侧条石中间书刻桥名。檐下有木制环形图案挂落，顶铺望砖，东南、西南为翘角飞檐，装饰精美，东、西两柱南侧各垂一木雕花篮。桥北侧庙堂曾挂匾“玉檀阁”，出售工艺品；现挂匾“九扇屏”，出售丝绸服装。

南张家桥

在雪糕桥东北侧，两桥近在咫尺，于雪糕桥北侧庙堂处几成垂直相交之双桥景观。跨平江河东西向支河中张家巷河，为南北连接平江路第一桥。桥西侧为平江河，桥堍东侧为中张家巷。

南张家桥

宋《平江图》中即有此桥名。清《姑苏城图》标中张家巷河上有桥4座，即张公桥、西板桥、东板桥、虹桥。在历史进程中亦曾称张家桥。1958年，中张家巷河被填，桥亦被拆除。2020年，随着中张家巷河恢复，桥亦重建。整座桥采取整体搬迁的方式，运用传统工艺进行安装。恢复后的南张家桥，由6条花岗石构成桥面，长7.6米，宽5.4米。台阶中间以5条小条石设坡道，以利车辆通行。桥两端各有2级台阶。桥梁属于板桥结构，材质为苏州本地老金山石。桥栏条石高近0.5米，两边各2根望柱，桥栏两边外侧阳刻4个圆圈，分别阳刻“南张家桥”名。北堍西侧另竖的一块高0.8米、宽0.5米花岗石碑上阴刻“南张家桥”字样，涂金字。

积庆桥

在雪糕桥北，跨平江河东西向第五

积庆桥

青石桥

桥。东连平江路，西堍与大儒巷相接。

始建于宋绍定前，宋《平江图》、明《水道图》均标积庆桥。宋《吴郡志》、明《姑苏志》和清康熙《志》、乾隆《志》著录。清代讹为吉庆桥。清嘉庆十九年（1814）重修。1945年抗日战争胜利后改名胜利桥。1960年、1970年、1980年3次重修。2003年恢复积庆桥名。原为石拱桥，2007年改建为花岗石单孔石板微拱平桥，长6.9米，宽7.1米，跨径5.28米。为方便河面游船通行，抬高桥面，两端增设3级台阶。石雕实腹桥栏，桥栏中间望柱刻有桥名。

青石桥

在积庆桥北，跨平江河东西向第六桥。东连平江路，东堍与卫道观前相对，西堍与南石子街相对。

始建于宋绍定前，宋《平江图》、明《水道图》、清《姑苏城图》均标苏军桥，宋《吴郡志》著录。清嘉庆十九年（1814）重建，为石拱桥。1921年卫道观前的青石桥被拆除后，其青条石用在此，改名青石桥。1960年、1980年、1991年、2004年4次重修。现为单孔圆弧石拱桥，长14.1米，宽2.3米，跨径5米。石雕实腹桥栏，中间刻有桥名“青石桥”。东堍有台阶17级，西堍有台阶15级。桥身叠砌武康石、青石、花岗石。

众安桥

在青石桥北，跨平江河东西向第七桥。东连平江路，东堍与新桥北堍垂直相交形成双桥景观，西堍与悬桥巷相对。

始建于唐乾符年间。唐《吴地记》著录，名“庆安桥”。宋《平江图》、明《水道图》均标众安桥。范《坊巷吟》有《众安桥》诗：“人生能得几元宵，帽影鞭丝

众安桥和新桥河景

迹未销。吴女那知新活计，看灯犹是说星桥。”诗后注：“即通利桥，旧称星桥，今讹大新桥，在众善桥北。按：桥洞中石刻所称之星桥。”明《姑苏志》和清乾隆《志》、《苏州巡警分区全图》（简称“《巡警图》”）标大新桥。1983年改建，名众安桥，为石板平桥，长7.6米，宽5.9米，跨径6米。石板桥栏高0.7米，两侧各2根望柱。

新桥

在众安桥东北侧，跨平江河东西向支河新桥河，为南北连接平江路第二桥。桥西侧为平江河，桥北堍东侧为大新桥巷，南堍与东西向跨平江河的众安桥东堍北侧垂直相交形成双桥格局。

宋《平江图》标北张家桥。重建于明弘治十八年（1505），明《姑苏志》和清康熙《志》、乾隆《志》著录。清《姑苏城图》标新桥。范《坊巷吟》有《北张家桥》诗：“市阴浅处暂经过，尘事萧闲得啸歌。枉说张家分北界，新桥况乃小新讹。”诗后注：“今讹小新桥，在众安桥东侧。”

现所跨河因桥名得名新桥河，河北侧

巷因桥名得名大新桥巷。1960年重建，为单孔石平桥，长4.5米，宽3.1米，跨径2.5米。石雕实腹桥栏，中间刻有桥名。

朱马交桥

又名朱马高桥。在新桥北，跨平江河东西向支河柳枝河，为南北连接平江路第三桥。桥西侧为平江河；桥北堍东侧为大柳枝巷，西侧与跨平江河的通利桥东堍垂直相交形成双桥景观。

始建于宋，宋《平江图》、明《水道图》、清《姑苏城图》均标朱马交桥。宋《吴郡志》、明《姑苏志》、清康熙《志》著录。宋重马政，为之设茭草局，立栈以储茭草。而茭草色紫，恶紫夺朱，其义益显，故美其名曰“朱马茭桥”，后里人讹称“朱马交桥”。宋淳祐十年（1250）重建。范《坊巷吟》有《茭荐桥》：“旧桥吴地记曾无，荐茭难忘二字呼。淳祐年碑今出土，方知朱马误朱乌。”诗后注：

朱马交桥

“在通利桥前。按王謇《平江城坊考》附录云，疑即朱马茭桥，但据瞿木夫年谱，桥与朱乌交桥一人修建，故首有朱乌交桥文云。”《宋平江城坊考》卷四引通利桥桥拱石刻为证：“星桥、朱马茭桥，年深坍坏，蒙运判府郑侍郎助钱三千贯，提举宝章判部赵郎中助钱二千贯，长洲判县龚郎中助钱一千五百贯，并系十七界会，重行展阔建造。劝缘崇禧，上官右史，干缘碧云庵僧守常，淳祐十年十一月朔题。”据此，则“新”当作“星”，“交”当作“茭”。《说文》：“茭，干刍也。”有粮料意，与“马”字合。范《坊巷吟》有《朱马交桥》诗：“得得过桥生事微，政传赵宋更依稀。从知设局储茭草，可要秋高试马肥。”民国《吴县志》载：“朱马交桥，在通利桥东侧。清康熙二十三年重建。”1982年重修，为石板平桥，长6.2米，宽4.1米，跨径4.6米。花岗石桥栏，中间刻有桥名，沿河两岸设长条石栏。南北堍各有2级台阶，中间各有3块石条并列斜铺，方便车辆通行。

通利桥

在朱马交桥北，跨平江河东西向第八桥。东连平江路，西堍与菉葭巷相对。东堍南侧与南北向的朱马交桥北堍西侧垂直相交形成双桥景观。

始建于唐乾符年间，宋《平江图》、

朱马交桥、通利桥双桥景观

明《水道图》、清《姑苏城图》均标通利桥。桥名主要表达桥梁的交通功能。范《坊巷吟》有《通利桥》："世路崎岖慨不禁，知几应早动归心。休言利涉交通便，我独思桥隐患深。"诗后注："在菉葭巷新桥北。"

清嘉庆十九年（1814）重建，为石板平桥，长6.2米，宽3.5米，跨径6米。花岗石雕桥栏，栏板中间刻有桥名。桥面由6条石梁并列组成，其中有2条为宋朝遗留下的武康石。

双桥相交的桥畔处形成河湾，河岸放宽，沿河两岸均设长条石桥栏，与河埠相映成趣。双桥相接处有2株大树，绿荫掩桥，景色殊胜。

唐家桥

在通利桥北，跨平江河东西向支河胡厢使河，为南北连接平江路第四桥。桥西侧为平江河，北堍西侧与东西向跨平江河的胡厢使桥东堍南侧垂直相交形成双桥景观。双桥形状犹若旧时钥匙，故又称"钥匙桥"。

始建于北宋年间，宋《平江图》、明《水道图》、清《姑苏城图》均标唐家桥。宋《吴郡志》、明《姑苏志》和清康熙《志》、乾隆《志》均著录。桥名来自桥畔唐氏家族，明朝千户唐岳次子居此，故有唐家巷、唐家园、唐家桥之名。范《坊巷吟》有《唐家桥》："走马看花更著书，谈今说古近何如。建桥端恐怀唐岳，千户分明卜所居。"诗后注："在胡厢使桥东侧，清乾隆九年重建。明千户唐岳，居官太尉桥巷，后舍宅改万寿庵。今是桥，亦名唐家，姑妄言之，以待再考。"清乾隆九年（1744）重建，易木为石，为花岗石、武康石平桥。1982年、1984年、2003年3次改建。现为石板平桥，长4.4米，宽3.4米，跨径3.1米。桥面由6条石梁并列组成，其中2条为武康石、4条为花岗石。桥面两边有石雕桥栏，两侧立有4根望柱，柱头上雕有简易图案，栏板中间刻有桥名。

胡厢使桥

在唐家桥北，跨平江河东西向第九桥。东连平江路，东堍南侧与南北向跨胡厢使河的唐家桥北堍西侧相交形成双桥景观。西堍与曹胡徐巷相对。

宋《平江图》、明《水道图》、清《姑苏城图》均标胡厢使桥。因胡厢使巷后来被称作胡相思巷，桥以巷名，桥名跟着改成胡相思桥。清《巡警图》已标胡相思桥。2005年恢复桥名为胡厢使桥。

清乾隆九年（1744）重建，为单孔石拱桥，属典型的清代花岗石拱桥，金刚墙夹杂青石和武康石。桥西堍南侧金刚墙上还有一方"桥神土地"刻石遗迹。1983年、1988年2次修建加固。现为石拱桥，长13.2米，宽3.7米，跨径6米，花岗石雕实腹桥栏，桥额刻"重建胡厢思桥"，东堍台阶13级，西堍台阶12级。桥面中间石板

唐家桥

胡厢使桥

胡厢使桥、唐家桥俯瞰

保吉利桥

上雕刻轮回纹浮雕，桥孔拱券的外沿还有一圈凸起的拱眉石。

保吉利桥

在胡厢使桥北，跨平江河东西向第十桥。东西连接白塔东路。

始建于宋早期，宋《平江图》、明《水道图》均标打急路桥，清《巡警图》标保吉利桥。范《坊巷吟》有《打急路桥》：“君情慷慨出心肝，妾意缠绵念别难。寄语路行休打急，愿君吉利保平安。”诗后注：“今俗名保吉利桥，在胡厢使桥北。”

原为石拱桥，清嘉庆九年（1804）重修。1954年加固整修，加建花岗石雕桥栏。1983年11月重修，为钢筋混凝土单孔平桥，长9米，宽14.4米，跨径6米。石雕空腹桥栏，桥栏两侧各有2根望柱，桥栏中间刻有桥名及重建年月。《吴门表隐》载：“保吉利桥石幢上镌佛像，中刻七如来圣号，有座，甚古，中多纤痕，唐时旧物。”现桥南河中仍保存古代石经幢1座。

庆林桥

庆林桥

在保吉利桥北，跨平江河东西向第十一桥。东连平江路，过平江路与传芳巷相对，西堍与狮林寺巷相对。

初建于宋庆历三年（1043），为里人张文贵筹建。宋《平江图》、明《水道图》均标庆历桥，清《姑苏城图》标庆林桥。清冯《志》、民国《吴县图》均有记载。范《坊巷吟》有《庆历桥》：“遗迹曾留庆历年，胜朝兴废几沧田。市桥砖石分明在，赵宋风流已渺然。”诗后注：“在打急路桥北。”宋嘉泰三年（1203）重修。1985年10月重修，为5条长石板并列之平桥，长12.2米，宽2.5米，跨径4.5米，花岗石桥栏，栏板中间刻有桥名。南社创始人之一的陈去病出生于此桥堍旅馆，故名陈庆林，30岁后方改名为陈去病。

庆林桥堍旧时供奉猛将。《清嘉录》

奚家桥

潘家桥

有“祭猛将”条，相传刘猛将能驱蝗，天旱时百姓祈雨就应，造福农民，故百姓对刘猛将十分敬重，每年都要举行祭猛将庙会，渐成民俗。今已不存。

奚家桥

在庆林桥北，跨平江河东西向支河麒麟河，为南北向连接平江路第五桥。桥西侧为平江河，北堍东侧与东麒麟巷垂直相交。

《吴门表隐》载：“奚公、奚婆二桥在瑞光寺东，宋善士奚仁三夫妇所建。平江路奚家桥，仁三世居。曾孙壳，明初登榜。”范《坊巷吟》有《奚家桥》：“谁家伉俪我能谙，信女原来配善男。小坐桥头谈琐事，有人指点说仁三。”诗后注：“今讹大罗家桥。宋善士奚仁三世居在庆历桥东侧，按：是桥为奚仁三夫妇建。”原为石板平桥，长条石桥栏，外侧阳刻3个圆圈，内分别阳刻“奚家桥”三字。1983年12月重建，为钢筋混凝土平桥，长5.1米，宽3.9米，石栏杆高0.5米。

潘家桥

在奚家桥北，跨平江河东西向第十二桥。东连平江路，西与潘儒巷相对。

始建于北宋。北宋大臣章综居此，称章家巷，桥以巷名，为章家桥。因元末张士诚之婿潘元绍居于此，明代，潘元绍宅归潘时用居住，民国《吴县志》改章家巷名为潘时用巷，今转作潘儒巷，桥名为潘家桥。

桥于明万历年间重建，清光绪四年（1878）、三十一年（1905）两次修建。1984年10月重建，为单孔石级拱桥，桥与水中倒影构成圆形，桥面正中刻有圆形图案。桥长16.72米，宽2.82米，跨径6米，矢高4米，西堍台阶17级，东堍台阶19级。花岗石雕实腹桥栏，中间桥额刻5个圆圈，其中分别刻有“重建潘家桥”字样。南、北各有8根望柱，望柱上雕有简单图案。

石家角桥

在潘家桥北，跨平江河东西向最后一桥（第十三桥），位于石家角东。《吴县图》标石家角，但路标止于平江河西，尚无桥通平江路。为方便出行，1965年建石家角桥，东西向跨平江河，东有斜坡直接平江路，西边斜坡折向南接石家角。原为无名桥，1986年7月14日定名石家角桥。钢筋混凝土桥梁，桥面铺设长方形石条，长8米，宽2米。桥桩为花岗石砌筑，凸出于河岸。桥栏以铁方柱为望柱，桥两端侧面各立一竖条石，阴刻“石家角桥”。

华阳桥

在石家角桥北，平江路北端，横跨东北街河。是平江路上第六座即最后一座南北向桥。北堍接通东北街。载于《平江图》。民国《吴县志》载：“华阳桥，在通济桥北，宋庆元四年重建。”《吴门表隐》载，华阳桥洞碑有“圣宋庆元四年戊午九月十三日戊申鼎新重建华阳桥”正书22字；又载，华阳桥人张文奎，事母至孝，

石家角桥

华阳桥

虹桥

割股疗母病。《宋平江城坊考》载，北街华阳桥畔，有刑部尚书韩蔚宅。桥于1983年重建，1991年改建，长13.2米，宽3.3米，为条石平桥。砖砌水泥栏杆高0.8米，桥南堍有条石栏杆。1999年12月重建，长12.75米，宽8米，为钢筋混凝土平桥，花岗石栏杆，栏板上阴刻“华阳桥”大字，望柱上阴刻竖排“华阳桥”小字。华阳桥向东，可望见跨河廊桥1座。桥南堍是一块较宽敞的场地。

虹桥

在仓街，跨平江河东西向第一支河中张家巷河东面第一桥。南北向连接仓街。2020年重建。因为桥东侧原为虹桥浜，故名虹桥。为钢筋混凝土平桥，桥面由10厘米×10厘米小方石铺成，长10.5米，宽约12米。桥栏为砖砌实栏，上压条石，高1.2米，两端为花岗石护栏，中间嵌花岗石，阳刻2个圆圈，其中阳刻“虹桥”名。

中张家桥

在虹桥西，全晋会馆东，南北向跨中张家巷河。为拱形石板桥。2020年建。桥面长1.8米，宽2.5米。石板桥栏高0.6米，两边望柱各6根，两端各有护栏石。南、北石级各14级，每级宽约0.3米。丁字形石砌拱桥基，拱券为6块方石并列、11块方石纵联筑就。

中张家桥

东板桥

东板桥

在中张家桥西，南张家桥东，南北向跨中张家巷河。南堍与板桥弄相对。2020年重建。为石板平桥，3条长条石组成平桥桥面，桥面长4.5米，宽2.5米。桥两端各有5级台阶，每级宽0.3米，桥总长7.5米。石块实心桥栏，高0.7米，两边各有2根望柱。桥栏外侧阳雕3个圆圈，圆圈内阳刻“东板桥”名。

通济桥

在新桥东，南北向跨新桥河；在虹桥北，为南北向连接仓街第二桥。北堍西侧连大新桥巷，北堍东侧连小新桥巷。

始建于明万历年间。民国《吴县志》载：“通济桥，在青丘仓西，清嘉庆二年

通济桥

重建。”1918年改建，由石拱桥改为石梁桥。1974年重修，1989年拓建。原为单孔条石平桥，现为钢筋混凝土平桥，长14.6米，宽6.7米，跨径6.2米。花岗石实腹桥栏，高1.2米，栏板上雕有纹饰，中间阴刻“通济桥”名。两侧各立4根望柱，上刻简单图案。

无名桥

在通济桥东，南北向跨新桥河，北接小新桥巷耦园南侧围墙。1985年前已有。桥北有德松石幢，位于耦园南侧围墙外。六角石幢高约1米，正南一面刻有“临济正宗三十九世中兴狮将堂（上）德松□□”，正北一面刻有“道光二年十二月嗣法门人□□”。石幢其他四面刻有七宝如来。桥南置耦园世界文化遗产标志牌。

无名桥

新桥里桥

新桥里桥

在朱马交桥东，在大柳枝巷石人弄，南北向跨柳枝河。1981年建，为钢筋混凝土平桥，长7.6米，宽2.6米。砖砌花格栏板。

南开明桥

在新桥里桥东，南北向跨柳枝河；在通济桥北，为南北连接仓街第三桥。

始建于明早期，明《姑苏志》和清康熙《志》、乾隆《志》著录。清《苏郡城河三横四直图》标南开明桥。民国《吴县志》：“南开明桥，在宝成仓南。明万历十六年里人龚勋重建。清乾隆四十四年重修。”范《坊巷吟》有《南开明桥》：“陌尘官树巷斜曛，触拨情怀愿所闻。今把

南开明桥

中家桥

南桥搜史实，善男第一让龚勋。”诗后注：“在宝成仓南仓街，明万历十六年，里人龚勋重建。”又题：“何似龚勋呼一诺，长存为善北桥成。虹腰娇小唤开明，市屋多装雁齿轻。”1974年改建为钢筋混凝土平桥，长9.5米，宽6.9米，桥坡略作八字形，跨径7.1米。石雕镂空桥栏，高1米，桥栏两侧各4根望柱，桥栏中间块面竖刻“南开明桥”。

中家桥

在唐家桥东、胡厢使巷中间，南北向跨胡厢使河，南与中家桥巷相对。原称“众安桥”，清同治十年（1871）重建为小石桥。1984年6月重建为条石平桥。桥面长6米，宽5米，铺花岗石。桥栏系长条花岗石砌成，高约0.5米。北侧望柱刻“1984年6月重建”，桥栏中部阴刻“中家桥”名。

北开明桥

在中家桥东，南北向跨胡厢使河，为南北连接仓街第四桥。桥南堍东侧河岸边为孟子里，西侧河岸边为小石子街；桥北堍河岸边为胡厢使巷。

始建于北宋，宋《平江图》标东开明桥。明《水道图》标开明桥。清《姑苏城图》标北开明桥。1914年《新测苏州城厢明细全图》载录为“北开门桥”。民国《吴县志》：“北开明桥，在万庆仓西南。”1974年重建，为石拱桥。1984年5月改建，为钢筋混凝土拱桥，长8.3米，宽8米，跨径6.3米。石雕桥栏，两侧各4根望柱，一端阴刻桥名“北开明桥”，一端阴刻

北开明桥

“一九八四年五月重建”。河两侧均有新筑花岗石空心长条桥栏。

《吴门表隐》载，此处有圆通古阁，元延祐初建。明万历三十年（1602），里绅申用嘉等重建。清康熙初，里人重建。乾隆四十二年（1777）毁，里人再募建，延戒僧林碧守之。嘉庆初，屠璇、殷在天等募修，延穹窿道士金全资居之。道光九年（1829）、十七年（1837），韩崶、顾锦云等先后募修。顾震涛有重修阁记，并制阁联：杰阁奉开明，彼岸落伽山上；名桥施济度，此间紫竹林中。旁有功德祠。又载，北开明桥南有节孝坊。

徐鲤鱼桥

在奚家桥东，南北向跨麒麟河。南连娄门横街。桥北堍东侧河岸边为葛百户巷，西侧河岸边为东麒麟巷，北堍偏西斜对桥湾街。

始建于唐宋期间，宋《平江图》著录，明《水道图》标徐鲤鱼桥，清《姑苏城图》标徐里鱼桥。《宋平江城坊考》载：“徐鲤鱼桥，范、卢、王三《志》均著录。康熙《志》：‘张香桥西南。’今讹麒麟桥。”相传古时此桥附近三家村有龙潭通河，常有万鲤来朝之异象，里人在此放生鲤鱼以图吉利，故桥曰“聚鲤鱼桥”。另

徐鲤鱼桥

东薛家桥

顾家桥

说，桥跨于麒麟河，故称麒麟桥，清《巡警图》、1943年《最近苏州游览地图》、《苏州图》均标麒麟桥。

清光绪三十四年（1908）春重建。1944年，顾、俞两家出资重修。1964年、1985年2次改建加固。1992年，将石级平桥改为石板平桥，长6.7米，宽3.6米，跨径3.4米。花岗石桥栏，东、西两侧和望柱中间刻有桥名“徐鲤鱼桥”。

东薛家桥

跨麒麟河，南北向连接娄门内大街。长16.8米，宽13米。1971年建，1988年修复。因接东薛家弄，故名为东薛家桥。

顾家桥

在悬桥巷东，南北向跨悬桥河。在郭家桥东，两桥平行，左右相望。南堍直通顾家花园，桥因巷而得名。桥南岸西为尚堂弄，北堍与蚕丝弄相对。民国时建。《吴县图》中顾家花园北口有座桥，即现在的顾家桥。原系木板小桥，又名板桥。1976年、1979年重建。现为单跨花岗石梁桥，长7.6米，宽2.2米，跨径2.5米，桥面由5块条石组成，两端有斜坡路面通行。实心花岗条石桥栏高0.6米，望柱上阴刻隶书“顾家桥”，边侧桥栏钉有“顾家桥”标牌。

郭家桥

苹花桥

郭家桥

原名谷家桥，在大儒巷迎晓里北口，南北向跨悬桥河。为单跨石梁桥。清《姑苏城图》《苏郡城河三横四直图》载录。《吴县图》中仁孝里（今迎晓里）北口有座桥，即现在的郭家桥。1962年、1982年、1991年重修。宽2.3米，高3.1米，跨径4.1米，南、北各有7级台阶，全桥长13米。桥面4条石梁并列，西边梁为武康石梁。南、北桥台各以4条花岗石组成排柱，桥栏高0.65米。望柱镌刻“郭家桥”“1991年重修”，桥北望柱边侧桥栏钉有门牌号大小的“郭家桥”标牌。

苹花桥

在临顿路中段，悬桥巷西端，南北向跨悬桥河。为吴王阖闾在行苑内造。《吴郡志》载：“定跨桥，吴王阖闾造。”《吴地记》载：“定跨桥，阖闾于行苑内置，游赏之处，基址见存。”《平江图》标定跨桥，清代讹为今名。民国《吴县志》载：“平化桥，在醋坊桥北。”清乾隆四十一年（1776），北禅寺僧了义重建。嘉庆二十三年（1818）修。1962年重修，定名苹花桥。1985年改建为钢筋混凝土板梁沥青桥面，长4.8米，宽17米，跨径3.4米，单孔。

园　林

苏州是园林之城，2018年第四批《苏州园林名录》公布后，园林总数达108座。本志所载范围有7处：狮子林、耦园、惠荫园、北半园、明轩实样、全晋会馆、墨客园。最早的为元代狮子林，明轩实样（在东园内）、墨客园是现代筹建的。狮子林、耦园被列入《世界遗产名录》，是全国重点文物保护单位。本章以《苏州园林名录》排名为序记述，全晋会馆列入“会馆寺庙”记载，明轩实样与其所在东园一并记述。

狮子林
北半园
东园
东园
墨客园
耦园
惠荫园
东北街
园林路
狮林寺巷
传芳巷
北张家巷
娄门内大街
横街
白塔东路
东花桥巷
曹胡徐巷
胡厢使巷
丁香巷
大柳枝巷
小柳枝巷
大新桥巷
小新桥巷
菉葭巷
悬桥巷
迎晓里
南显子巷
南石子街
大儒巷
肖家巷
混堂巷
卫道观前
中张家巷
钮家巷
大郎桥巷
临顿路
平江路
仓街
干将东路
外城河

狮子林

狮子林假山石

在园林路23号，占地面积14082平方米，开放面积9302平方米。宋时此处为“贵家别业”。元至正元年（1341），天如禅师惟则到苏州，次年，弟子买下此地，结屋为天如居，建立禅林。童寯《江南园林志》载：“维则叠石吴中，盘环曲折，登降不遑，丘壑蜿转，迷似回文。”中部堆湖石大假山，南麓有五峰，居中最高者状如狮子，名狮子峰，布列两旁者为含晖峰和立玉峰，西为吐月峰和昂霄峰。因林有竹万个，竹下多怪石，有状如狻猊（形似狮子）者；亦因佛书上有“狮子吼”（是指禅师传授经文）一语；又因天如禅师惟则得法于浙江天目山狮子岩普应国师中峰，为纪念佛徒衣钵、师承关系，取佛经中狮子座之意，故名狮子林，旧时作师子林，亦称狮林寺。寺园建成后，欧阳玄作《师子林菩提正宗寺记》，危素作《师子林记》。清康熙年间寺与园分割，园曾名涉园，亦称五松园。清康熙皇帝、乾隆皇帝多次游狮子林，乾隆皇帝亲自临摹倪云林《师子林图》，并先后在长春园和承德避暑山庄各仿建一座狮子林。

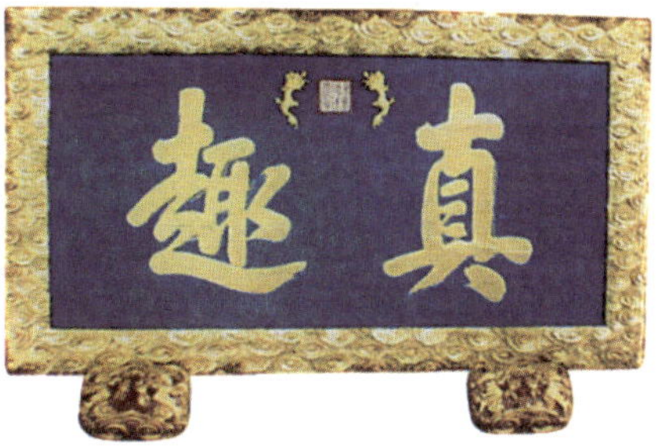

乾隆皇帝手书真趣亭匾额

“听雨楼藏帖”碑刻

1918年，颜料商贝润生以9900银元

立雪堂

真趣亭

买下，请画家刘临川重修扩建狮子林，增设燕誉堂、小方厅、九狮峰、牛吃蟹、湖心亭、九曲桥、石舫、荷花厅、见山楼、五松园、飞瀑亭等景点；建贝氏祠堂，又称承训义庄，祠堂布局考究、结构精致，为仿明建筑，具有独特风格；在园西增堆石包土山，上设人工瀑布，四围长廊，廊墙上嵌置“听雨楼藏帖”“文天祥诗碑”等共71块碑刻，汇集历代书法家珍迹；旧有指柏轩、问梅阁、卧云室、立雪堂等皆循故址复建。至1926年完工，花费80万银元。重修中掺揉西洋手法，使用水泥、彩色玻璃等新型建筑装饰材料。1982年被列为江苏省文物保护单位，2000年被列入《世界遗产名录》，2006年被列为全国重点文物保护单位。

狮子林以“假山王国”著称。童寯《江南园林志》称其具有北魏张伦造景阳山之形势，为迄今大规模假山之仅存者，可谓中国古典园林中湖石堆山最曲折、最复杂的实例之一。园内假山分四区两小片，整体上，假山群气势磅礴，洞壑盘旋，连绵不断。假山与水相环，大有重岩叠嶂、山水竞秀之美。狮子林水系有湖、河、池、涧几部分，后增设西部假山瀑布，水景丰富多姿。

园内现有建筑20余座，主要有贝氏祠堂大厅、燕誉堂、小方厅、卧云室、见山楼、揖峰指柏轩、花篮厅（原荷花厅）、古五松园、真趣亭、观瀑亭（湖心亭）、石舫、暗香疏影楼、飞瀑亭、问梅阁、双香仙馆、扇亭、文天祥诗碑亭（正气亭）、御碑亭、复廊、修竹阁、立雪堂等；匾额21块，楹联20对，石碑、书条石72块，假山6座，1.5米以上高度的峰石55座，拱桥2座，曲桥1座，小石桥17座，石柱花架1架，古井2口，瀑布1条；植物有银杏树、白皮松、柏树、木瓜树、紫藤、桂花树等古树名木18株，其他树木50余种163株，特色花卉梅花、菊花。

狮子林假山

耦园一角

szpjl15

耦园

今大门设在小新桥巷6号。东临娄门内城河，与古城墙相望；南为小新桥巷，面对新桥河；西近仓街；北抵小柳枝巷河道，三面临水，一面邻街。占地7800平方米，建筑面积4496平方米，中部为住宅，两侧为东、西花园。

园原为清雍正年间保宁知府陆锦（字闇亭）筑，时园为今之东花园部分，初名涉园，取陶渊明《归去来辞》“园日涉以成趣”意，又名小郁林。同治十三年（1874），欲辞官隐退的苏松太道道台沈秉成从上海到苏州养病，购得涉园旧址，聘画家顾沄参与设计，扩地营构，形成一宅两园规模格局，保存至今。光绪二年（1876），新园落成，沈秉成将其更名为耦园。“耦”本意是二人并肩耕作，引申为夫妻、佳偶之意。园内有无俗韵轩，其东墙外有一副砖雕对联：耦园住佳耦，城曲筑诗城。俞樾《安徽巡抚沈公墓志铭》曰：“侨寓吴中，购得娄门某氏废园

耦园一角

耦园

而修葺之，有泉石之胜。时继配严夫人已来归，工丹青，娴词赋。公遂名其园曰耦园，相与啸咏其中，有终焉之志。”

清光绪二十一年（1895），沈秉成病卒于耦园，后该园由一黄姓裁缝代管，逐步租赁为民居。1928年，创办常州第一所中学的赵善昌等人于此卜居。后东花园曾租予杨荫榆办二乐女子学社。1939年，国学大师钱穆曾与眷属迎母入住东花园，其长侄钱伟长亦同住于此。园产仍属沈氏，钱家只是“代治荒芜”，而不出租金。1940年，常州实业家刘国钧购得耦园，迁出部分住户，重加修葺。1950年，苏州市总工会在中部办过工人学习班。此后又有投诚部队及志愿军伤病员居住于此，其间大厅遭火毁。1955年，刘国钧将耦园以赠送给苏州振亚丝织厂资方陶叔南的名义投转该厂作为企业财产，时苏州振亚丝织厂已完成公私合营，厂方有《为常州刘国钧赠送房地产一所报告》述其事，耦园遂用作该厂车间、仓库、理发室、浴室、托儿所及女工宿舍。至1957年，散居园内居民全部迁出。1960年，划归苏州市园林管理处整修管理。同年8月动工修建，并请著名建筑学家刘敦桢、陈从周教授到现场指导，耗资6万余元，于1965年4

月完工，5月1日东花园对游人开放。后经多次整修。1982年被列为苏州市文物保护单位。1993年全面整修中部住宅和西花园，迁出全部住户；1994年竣工后与东花园一起开放。至此，耦园恢复宅园完整的历史风貌。1995年4月被列为江苏省文物保护单位。2000年11月被列入《世界遗产名录》。2001年6月被列为全国重点文物保护单位。2022年8月，姑苏区在耦园设立婚姻登记服务中心。

园内布局为并列的东、中、西三部分，依次展开，中为住宅，东、西各有一园。耦园内受月池是苏州园林中现存的唯一连通外河、与城市水系紧密相连的水池。园北背河的楼房通过楼上走廊和过道，将中、东、西部联成一体。这种以一曲贯通三部的楼廊，俗称走马楼，在现存的苏州园林中亦属少见。东花园为全园精华，以山池为中心，建筑环于四周。主体建筑坐北朝南，是一组重檐的楼厅，在苏州各园中较为少见。楼前黄石假山，气势雄伟峻奇，体形浑厚，绝壁、蹬道、峡谷、悬崖等自然逼真，石块大小相间，以横势为主，犹如黄石自然剥裂的纹理，可能是清初涉园遗物。西花园，以书斋为中心分隔成前后两个小院，是书房和庭院结合较好的实例。

全园现有堂馆亭榭21座，主要有门厅、轿厅、载酒堂、楼厅、无俗韵轩、城曲草堂、补读旧书楼、筠廊、望月亭、吾爱亭、樨廊、藤花舫、储香馆、受月池、宛虹杠、山水间、听橹楼、魁星阁、织帘老屋、鹤寿亭、藏书楼等；匾额18块，楹联12对，砖刻5方，书条石20余方，碑刻1块，石刻7处，桥1座，黄石大假山1座，湖石假山1座，峰石11座，古井1口；古树名木8株，其他植物32种300多株。

惠荫园

在南显子巷18号，苏州市第一初级中学校园内。

初为明嘉靖年间归湛初宅园。后属胡汝淳，名洽隐山房。内有叠山名家周秉忠

惠荫园一角

惠荫园园景

（字时臣，号丹泉）堆叠的“小林屋”水假山。清顺治六年（1649），复社成员韩馨得此废园，修为栖隐之地，名为洽隐园。康熙四十六年（1707），园毁于火，唯存水假山。乾隆十六年（1751）修复，蒋蟠漪书篆书“小林屋”洞额。韩是升《小林屋记》云：“洞故仿包山林屋，石床神钲、玉柱金庭，无不毕具。历二百年，苔藓若封，烟云自吐。”后西部为洽园，继而改称皖山别墅。太平天国时，合南、北两显子巷地建听王府，洽隐园包纳于内。园有增损，失其原貌。

清同治三年（1864），李鸿章将听王府改建成程学启祠。同年，李鸿章等捐资在祠东筹建安徽会馆。五年（1866），重修园林，得祠后倪氏洽隐园，一起扩建并取名为“惠荫园”，作为安徽同乡宴息之所。六年（1867），复得后面隙地，引水作亭榭，题名“寄闲小筑”。当年七月会馆落成。园中有惠荫八景：柳荫系舫、松荫眠琴、屏山听瀑、林屋探奇、藤崖伫月、荷岸观鱼、石窦收云、棕亭霁雪。光绪二十年（1894），李鸿章续拨巨款修园，并于园北厅堂两廊壁间嵌置“惠荫园八景”石刻，镌吴宝善绘惠荫园总图、洪立朴绘八景分图，以及王凯泰序、阚风楼记、赵宗道识。游园观戏，赋诗作画，经商习工，祭先祀祖等于一处，此为惠荫园全盛时期。

一度开放，游人游园观戏。1933年“惠荫园秋禊”有张大千、谢玉岑、金鹤望、王蘧常等参加。1936年童寯访惠荫园时，园南部高下曲折，洞壑幽深，上置重阁（即苔青花绣之居），小林屋一带为栖云处、琴台，稍北方池围廊，敞轩数进。渐就凋敝。抗日战争胜利后，西部为施剑翘所办私立从云小学，东部为园，园内民户杂居，胜迹唯小林屋尚存。

1949年后为苏州市第一初级中学（一度更名为苏州市第十五中学）所使用，原荷池被填为操场，部分堂屋被拆除建教育楼。1970年挖防空洞时致水假山石坍落、小林屋壅塞。1982年被列为苏州市文物保护单位。1983年修小林屋，加以保护。2001年8月，重建旱假山，维修水假山。2006年被列为江苏省文物保护单位。

园林现存假山，为太湖石堆叠。东、西各有蹬道上山，山顶有卷棚歇山顶小型四面厅，为2001年重建。东部有两个假山洞口，东口有新添篆体“小林屋”石额，修复堆叠由苏派假山名师凌鸿及其传人凌新生担纲。经测量，探知原旱洞高达2.8米，面积约15平方米，空间有40多立方米；水洞面积和池水面积各有20多平方米，空间超80立方米。水假山中有口古井，自然渗水。水洞约3.5米高，平面为4米×6米椭圆形，洞内水池面积占四分之三，水面低于地面约2米，东南架贴水栈道，池中跨石梁曲桥，三面石壁陡峭。山洞顶部有钟乳下垂，宛如天然喀斯特溶洞景观。由东边洞壁栈道绕水池转西，沿台阶向上攀登，进入旱洞。洞壁有透空小洞漏光以照明。为支持山顶建筑，洞内增垒石柱。旱洞出口在西，出口处有谢孝思题词石刻。小林屋之东北另接新堆假山，建两层岳碕山房，匾“岳碕山房”为2004年九玉淇书，跋曰：“此屋为余昔时备课撰文作客之所，自教画十余年，而今旧貌换新颜，实不胜欣喜也。甲申之春，八七老人九玉淇。”底层槛外楹联：小林屋奇思凭巧手，水假山妙构夺天工。底层似在假山包围之中。

北半园

在白塔东路60号平江府酒店内。清顺治时进士沈世奕筑，名止园，后归太守周勋斋，改名朴园。清咸丰六年（1856）由江苏道台陆解眉购得，取“知足不求全”之意，改建为半园。为区别于仓米巷史氏半园，陆氏半园俗称北半园。至1949年，尚有陆氏后裔居此，其后托人代管。1954年起，先后在此办平江木器盆桶社、东吴丝织厂五工场车间。1956年房屋公营，为织带厂所用。1966年为纺织修配二站，即苏州第三纺织机械厂所使用。1980年规划修复。1982年被列为苏州市文物保护单位。1992年，苏州第三纺织机械厂出资对北半园进行全面整修，全部景点和格局恢复清代面貌；8月竣工后向社会开放，后由北半园商务休闲俱乐部承包。2007年，为适应城市发展需求，原厂迁出。2009年8月起由创元集团整修。

北半园原为西宅东园，住宅部分原九进四厅、三房一楼，大部分被拆毁，现存花园1100平方米。花园布局紧凑，建筑小巧，园中半桥、半廊、半亭、半船等建筑，均以“半”为特色。狭长水池居中，池北一座面阔三间的四面厅，题额书“知足轩”，厅前有平台。池旁一旱船。池西“半波舫”，一半涉水。贴墙建一廊，因屋面为“一落水”，故称“半廊”。西南假山上5米高半亭，取名“怀云”，以示其高，亭中抱柱有对联：奇石尽含千古秀，春光欲上万年枝。园东北角一座重檐高阁，昔为藏书楼，外观为两层加半，实为三层，造型精美。底层有匾额“且住为佳”，抱柱上悬有史伟堂所题柱联：小有庭园山水，种树养鱼，得少佳趣；虽无管弦丝竹，论文把酒，足叙幽情。厅中间悬一大镜，映出厅南山池、亭廊、花木，加深了景观。镜两侧有对联一副：诗句全从画里得，云山常在镜中留。园中植有白皮松、广玉兰、黄杨、紫藤等花木。

北半园

东园

园大门设于白塔东路1号。北接娄门，南邻耦园，西靠仓街，东濒外城河。现址内原为古城垣、内城河、久已荒废之蒋园、孟子堂（尼庵）、蛇王庙。初名城东公园，是新中国成立后苏州建设的第一座综合性公园。

1954年，建工部在东园范围设计总体规划。1960年又做规划，因规模过大，未能实现。1962年，再度规划，在古城墙上进行大规模绿化。1964年，苏州市园林管理处成立城东公园绿化小组，平整古城墙墙基，栽种大量树木。20世纪70年代初，初步形成绿化规模。1973年10月15日，正式筹建城东公园。1979年5月，建成中国式明代庭院明轩实样。6月，城东公园对外开放，因地处苏州市区之东，正式定名为东园。

1980—2004年多次扩建，景观大为改变。东园总体布局系依据古城墙、内外城河、河道水巷等地形地貌特点，巧妙运用传统造园手法，因地制宜将全园辟为西、中、东三个景区。西部地形呈方形，大门北向，入内即是开阔的圆盘形大草坪，四周雪松环抱。大草坪的西侧，有出口美国的仿古庭院明轩实样，大草坪南面有新型游乐场所。大门东侧为东园的主体建筑群涵碧楼，由楼、榭、廊等组合而成。在大草坪环道外围分别坐落8个中外共建的纪念性建构。东园成为记载苏州市与各国友好城市友情的友谊之园。

中部是以娄门内城河为中心的临水景观，约占全园面积的四分之一。中段有横跨东西的东园大桥。桥边有走廊、花架建筑一组。南端和胡厢使河连通，建有花房。北段河中有一小岛，岛西所建三孔桥与并入的原动物园区连通，岛东有小平板桥通往观鱼区和游艇码头。观鱼区是仿古建筑群，由廊、曲桥、亭台轩榭组成；游船码头是一组临河而建的仿古建筑，为中部观赏、游览的主要景点。

东部以古城墙为中心，以植物景观为主，建筑点缀其中。东侧建有一组由厅堂、月台、长廊、亭组成的仿古建筑群。古城墙上筑有重檐夏景亭。荷花池接外城河处筑有一单孔桥，与外城河有柳堤相隔。沿河高低错落设置石矶，将外城河景观融入园中，为典型借景手法，是东部

东园一角

东园俯瞰

园景的精华。往北是娄门园门，为仿古建筑，与其外的江海扬华城楼、轩、廊融为一体。

2016年，苏州动物园迁至上方山新址，原址并入东园。2017年，实施改造工程。2018年，工程竣工，东园与之整合成一体，与环古城河健身步道无缝对接，成为古城区内最大的兼具古城韵味和时代特色的公益性开放公园。改造后的东园分为六大功能区，包括水上萌宠区、运动健身场、古典园林休闲区、滨水草坪休闲区、儿童游乐区和康复花园。

明轩实样　在东园西隅。是为美国纽约大都会艺术博物馆建造的明轩一园的实样。20世纪70年代，博物馆购买到一批中国明代的家具，摆放在馆内二楼的东亚艺术馆里。为了给这些明代家具设置一个陈设的背景，博物馆出资建造了一座中式庭院。庭院仿照苏州网师园殿春簃庭园建造，取名明轩。同样的工程要做两套：一套作为实样，建造在东园，1979年4月落成；另一套出口至美国永久展出。

明轩实样为封闭式古典庭园，以网师园中的殿春簃庭园为蓝本，参照苏州明代建筑设计建造。全长31米，宽13.5米，四周风火墙高7米多。从刻有篆字“别有洞天”的月洞门入内，东墙右侧曲廊蜿蜒，粉墙上漏窗精致。左侧小院内冷泉亭倚墙而立，旁栽蔷薇、绣球、美人蕉等花，植红枫、黄杨诸树及竹。亭内古碑4块，分别刻有明代画家唐寅的《江南春》和沈周等人的诗句。西南墙角处有人工冷泉，仿殿春簃中涵碧楼，水流清澈、潺湲。由冷泉亭向北，正厅银杏木匾额上题有仿明代文徵明手书的“明轩”二字，正厅屋上高悬4盏古色古香的宫灯，正中处1只银灰色仿明铜鼓（俗称诸葛鼓）摆设在红木底座上。后轩两侧各有砖刻1块，东首刻有“樵风”二字，出自“归舟何虑晚，日暮有樵风”之句；西首刻有“渔隐”二字，意为渔翁隐居之处。

墨客园

在大新桥巷10号，占地近2000平方米，建筑面积1478平方米。清代，此处是清净庵、六烈妇祠、安节局、保息局、时敏初等小学堂所在。冯《志》：“安节局在齐（娄）门新桥巷，初设在上海县，郡人冯桂芬等创建，收养名门嫠妇。同治三年，清军克复，遂移今所，其地旧为清净庵。”“六烈妇祠在娄门新桥巷，保息局侧。”民国《吴县志》：“公立时敏初等小学堂……娄门大新桥巷……光绪三十三年正月……经费由安节局拨给……办学人安节局绅董王祖庆。”民国时仍为小学。1949年11月，改称娄新小学。1977年，改名大新桥巷小学。1984年，撤销大新桥巷小学，原址改为中共平江区委党校。2008年，此处由张桂华购买重建，还原苏式古典建筑。2018年入选《苏州园林名录》。定名墨客园，取文人雅集、墨韵留香之意。

墨客园的主体建筑为三路五进，入口是六扇头竹丝墙门。进园后，西为客房，东为包厢，东、西各有一园，是集游、赏、居、食于一体的私家园林。东花园为全园精华，亭、台、楼、阁、榭一应俱全，以山池为中心，建筑环绕四周，主体建筑坐北朝南，花园布局紧凑。园内主要有六景，即：松风涌泉（泉）、秀山飞瀑（瀑）、千莲和合（荷）、水殿清凉（榭）、半亭问月（亭）、万柿如意（柿）。全园有12间客房；楹联7对，碑刻6块，砖刻6块，太湖石假山5座；古树名木2株，有紫玉兰、金桂、黄杨、松树、石榴、五谷树等植物。现已成为提供住宿和举办文化活动的公开场所。

墨客园广德厅

墨客园假山

附：

2016年平江路区域古树名木资源普查情况表

编号	树名	树龄(年)	树高(米)	胸径(厘米)	冠幅(米)		具体生长位置
					东西冠幅	南北冠幅	
狮001	圆　柏	400	12	54.1	5	6	狮子林
狮002	银　杏	390	15	121	19	19	狮子林
狮003	白皮松	140	15	38.2	5	6	狮子林
狮004	白皮松	140	14	44.6	4	7	狮子林
狮005	白皮松	140	13	31.8	6	5	狮子林
狮006	白皮松	140	14	36.6	6	7	狮子林
狮007	白皮松	140	14	30.3	9	10	狮子林
狮008	白皮松	140	11	36.6	5	6	狮子林
狮009	圆　柏	140	11	28.7	2	3	狮子林
狮010	木　瓜	140	6	31.8	6	5	狮子林
狮011	木　瓜	140	5	19.1	2	3	狮子林
狮012	紫　藤	130	3	41.4	3	12	狮子林
狮013	紫　藤	130	3	31.8	3	8	狮子林
狮014	银　杏	130	18	43	6	6	狮子林
狮015	银　杏	110	15	37.9	8	8	狮子林
狮016	银　杏	110	16	36.9	6	6	狮子林
狮017	桂　花	130	6	19.7	6	6	狮子林
狮018	桂　花	130	6	22	6	6	狮子林
耦003	黄　杨	130	3.4	19.1	4	5	耦园
耦004	黄　杨	140	8.5	39.8	6	7.4	耦园
耦006	山　茶	130	6	25.5	7.4	5	耦园
耦011	桂　花	210	5	33	5	5	耦园
东002	榉　树	130	18	54.1	12	15	东园
东003	榉　树	130	18	66.9	14	13	东园
东004	紫　藤	240	3	47.8	4.2	24	东园
东005	银　杏	290	33	98.7	18	19	东园
东006	银　杏	220	29	71.7	14	14	东园
东007	银　杏	240	32	92.4	17	20	东园
东008	女　贞	130	13.2	62.1	12	12	东园
东010	构　骨	130	7.2	20.7	8	7	东园

续表

编号	树名	树龄(年)	树高(米)	胸径(厘米)	冠幅(米)		具体生长位置
					东西冠幅	南北冠幅	
平132	蜡 梅	210	5	丛生	5	5	坝上巷徐菜园弄9号
平133	银 杏	640	20	130	14	12	狮林里小区
平166	银 杏	150	20	66.9	12	10	平江实验学校
平167	银 杏	180	20	71	13	13	平江实验学校
平168	银 杏	220	17	78	13	13	平江实验学校
平169	银 杏	120	12	36.9	6	6	平江实验学校
平170	银 杏	120	12	42	4	4	平江实验学校
平171	银 杏	160	18	51	8	6	平江实验学校
平172	银 杏	160	18	76.1	11	7	平江实验学校
平173	银 杏	160	18	73.9	14	14	平江实验学校
平174	银 杏	160	20	72.9	10	12	平江实验学校
平175	银 杏	160	20	73.9	14	12	平江实验学校
平176	银 杏	160	20	70.1	10	10	平江实验学校
平178	圆 柏	290	12	31.8	4	4	平江实验学校
平179	银 杏	130	17	61.1	10	10	平江实验学校
平180	银 杏	160	15	68.2	6	5	平江实验学校
平181	银 杏	130	13	55.1	6	6	平江实验学校
平182	银 杏	140	12	54.1	10	10	平江实验学校
平183	银 杏	150	20	68.2	10	10	平江实验学校
平187	圆 柏	160	9	36.9	6	6	仓街10号
平188	皂 荚	160	14	59.6	8	8	蕴秀园
平189	银 杏	640	18	89.2	16	16	大儒实验小学
平190	榉 树	180	12	70.1	12	12	大儒实验小学
平191	罗汉松	180	9	40.1	5	5	观东小区
平192	黄 杨	540	9	42	7	6	陶家弄3号
平193	黄 杨	160	5	31.8	5	5	曹胡徐巷69号
平194	银 杏	110	20	43.9	6	5	曹胡徐巷49号
平195	黄 杨	140	10	20.4	6	4	白塔东路60号
平197	紫 藤	540	4	28地径	4	5	白塔东路60号
平198	枸 骨	200	5	20.1	5	5	白塔东路60号
平199	广玉兰	110	16	51	10	9	白塔东路60号

续表

编号	树名	树龄(年)	树高(米)	胸径(厘米)	冠幅(米)		具体生长位置
					东西冠幅	南北冠幅	
平202	圆　柏	240	10	22	4	4	钮家巷2号
平203	龙　柏	140	10	29	6	6	钮家巷2号
平204	龙　柏	140	12	34.1	8	7	钮家巷2号
平205	榉　树	110	18	58.9	10	8	大郎桥巷29号
平206	罗汉松	210	6	29.9	5	5	大郎桥巷30号
平207	白皮松	140	20	44.9	12	10	肖家巷55号
平208	白皮松	250	16	72.9	12	10	卫道观前民生里9号
平209	紫　薇	220	6	31.8	8	7	卫道观前民生里9号
平210	龙　柏	160	13	37.9	6	6	混堂巷1号
平211	柿　树	110	9	45.9	7	7	大新桥巷10号
平212	黄　杨	120	6	19.1	3	4	大柳枝巷13号
平213	桂　花	110	5	15.9	5	5	大柳枝巷13号
平214	龙　柏	140	6	22	3	5	胡厢使巷22号
平219	女　贞	120	13	51	10	10	苏州市第一初级中学
平231	朴　树	100	14	60.5	12	15	平江路120号
平232	桂　花	110	7	27.4	5	5	混堂巷1号
平233	朴　树	110	14	62.1	11	10	南显子巷13号
平244	黄　杨	100	7	17.2	5	5	菉葭巷88号
平251	单体红山茶	110	3	17.5	3	2.2	传芳巷2号
平252	桂　花	110	7	23.9	3.9	5.2	传芳巷2号
平253	桂　花	160	8	34	5.9	9.2	传芳巷2号
平254	朴　树	110	15	18.2	10.4	10.4	传芳巷2号
平263	桂　花	100	4	25.7	3.5	3.5	肖家巷15号
平265	榉　树	120	16	70	8	8	钮家巷东大院1号
平266	黄　杨	120	8	25	3.5	3.5	平江路236号
平267	黄　杨	120	7	24	4	4	传芳巷31号
平270	黄　杨	100	5	18.6	4	4	尚堂弄迎晓里

名人故居

本志所载区域位于苏州古城东北隅，历史上很多名人曾居于此。苏州城几经沧桑变幻，此地却一直秩序依旧，很多名人居所就这样保存下来，历代传承。现选择其中具有代表性的名人故居从南至北进行记述。

吴鍾骏故居
东花桥巷汪宅
唐纳故居
洪钧故居
方嘉谟故居
黄丕烈故居
郭绍虞故居
钱伯煊故居
顾颉刚故居
潘祖荫故居
卫道观前潘宅
韩崇故居
端善堂潘宅
艾步蟾故居
潘世恩故居
钮家巷王宅
外城河

潘世恩故居

在钮家巷3、4号。潘世恩，清乾隆朝状元，官至武英殿大学士，晋太傅。嘉庆十四年（1809），潘世恩奉其父潘奕基由大儒巷端善堂移居钮家巷西，购凤池园西部修为宅第。其长子潘曾沂绘《临顿新居图》，石韫玉作《临顿新居图记》。潘世恩居家尽孝13年，在留馀堂遍读群书，研究学问，完成著述《读史镜古编》32卷，撰有《有真意斋文集》《思补斋诗集》等。

故居坐北朝南，原有池，园极大，屋有三路六进，现存三路四进。中路原有精雕砖刻门楼3座，依次为门厅、轿厅、客厅，均为康熙年款，毁于1966年。额题“留馀堂”，是接待贵宾和举行婚丧礼仪活动的场所。厅为楠木结构，前架船篷轩，内四界扁木梁架，梁托棹木形如乌纱帽翅。梁架雕饰不多，但用料厚实粗壮，做工精良。此厅虽门窗已非原物，但木构梁架仍保持原貌。

西路第二进为鸳鸯厅。回顶，三开间，略呈方形，分隔为前大后小两部分。前厅为抬梁式结构，梁架不用矮柱提升，仅以一斗相托，间距极近，从下向上看去，梁架重叠，屋顶形成平缓弧线。中柱梁托之棹木尺寸特大，饰有人物、仙鹤、松竹等图案，立体镂刻，雕工精细，现状尚好，为少见之佳作。后厅置船篷轩，扁

潘世恩故居

轿厅

鸳鸯厅

纱帽厅

作梁架。此厅用料粗壮，工艺讲究，前后结构风格统一，无修改痕迹，当属清代早期或中期原构。厅内发现两方被后人所加吊顶遮住的颇为珍贵的匾额。一为同治四年（1865）冯桂芬所题“瑛榆仙馆”篆字

道光皇帝赐“福”字黑底盘龙金书方匾

横匾，一为道光皇帝书赐潘世恩的“福”字黑底盘龙金书方匾。

西路第三进即纱帽厅。厅前有小庭院，仍保留部分黄石假山。院东与备弄间隔墙上有一排线花格图案漏窗，厅的基台前有台阶2级。厅面阔三间，庭柱上方有棹木，形似官帽之翅，是以得名“纱帽厅”。厅内帽翅栱雕刻精美。木构采用扁作梁，以前、中、后三道船篷轩相连，形成满堂翻轩。柱及础为方形，东、西内山墙贴水磨砖勒脚，墙上各设壁橱两口。明间松鼠葡萄纹飞罩雕刻极其精细，具有较高艺术价值。厅中上方有黑色匾额，为

状元及第

乾隆三十八年（1773）大学士于敏中所书《御制九老会诗并序》。数百字的诗文记述了文臣、武臣、仕人各九人为一班，成立九老会的经过，并有潘世恩的题记。东、西两壁嵌有壁橱，橱门刻折枝梅花2幅。东侧边门上刻有对联：一经传旧德，八坐起文昌。

据清人笔记，太平天国时英王陈玉成在此暂住，故有呼之为“英王行馆”乃至“英王府”者。

1963年被列为苏州市文物保护单位。1982年重修纱帽厅，并移建了花篮厅、砖雕门楼等。2006年6月被列为江苏省文物保护单位。

2011年，将潘世恩故居列入古建老宅修缮工程，对中路正厅留馀堂和西路鸳鸯厅、纱帽厅等三路四进建筑，逐一进行维护修缮，并于宅后修复园林一区。2013年8月竣工。潘宅占地面积2600余平方米，建筑面积1700余平方米，前为深庭广厦，恢弘之堂构，后为泉石花木，清幽之园池。2014年在此设苏州状元博物馆。（参阅：博物馆“苏州状元博物馆”条，人物传记“潘世恩”条）

钮家巷王宅

在钮家巷5、6号新一里，为苏州市控制保护建筑。王敬斋购得原凤池园中部并在此建宅。

王宅为三路三进带后花园的群体建筑。钮家巷5号为正路，由墙门间、轿厅、楼厅、花园组成。新一里为备弄，可通钮家巷和肖家巷。20世纪50年代初期，轿厅中尚存有“大傲尔宇”横匾、木制大轿和“肃静”“回避”开路牌，后花园中有池塘、曲桥、假山、各种花树；现尚存古井一口（疑为明代遗物）。东路第三进为楼厅，面阔五间17米，进深五檩6.5米，扁作梁，有船篷轩，前有东、西厢。现存朝南三路五进住宅，建筑面积2965平方米。

王宅西连钮家巷3号后花园，东通钮家巷8、9号陈宅后废园。钮家巷5号原有苏州

钮家巷王宅

城内罕见的大型水照壁，即在钮家巷5号墙门间大门朝南处，隔开巷路和河道，在对岸辟出一块空地砌造的八字形高大花窗照壁。空地上种有两棵大树，枝繁叶茂，气派轩昂。

钮家巷6号为两进带东夹厢两层砖木结构楼房，前后天井，有附房、灶屋、水井。此房屋疑为明代老屋翻建。1936年，阮仪三随父亲由西美巷搬迁至此，一直住到1956年移居上海。

艾步蟾故居

在肖家巷15号。清末建筑，坐南朝北，现存两路三进，东为正路，有门厅、大厅和楼厅三进。大厅匾额为“饴德堂”。东路建筑因为历史原因，房屋搭建较多，面貌改变不少。西路为花厅和书房。花厅卷棚顶，厅前至庭院设月洞门，湖石假山花台上植百年丹桂，枝繁叶茂。清光绪六年（1880），吴中专治伤寒的名医艾步蟾在此悬壶济世、读书。现为苏州市控制保护建筑。（参阅：人物传记“艾步蟾”条）

端善堂潘宅

在大儒巷44、45、46、48、49、51、52号。相传明末清初，潘世恩六世祖潘仲兰迁苏购得此宅。清乾隆五十八年（1793），潘家的第二十九世裔，奕字辈中潘奕基的二儿子潘世恩一举夺魁考中状元。后潘世恩迁至钮家巷，潘家将大儒巷原宅第转让于卫道观前“富潘”。大儒巷潘宅

艾步蟾故居

端善堂潘宅（现修缮为文旅集团旗下姑苏小院）

“端善堂”的堂匾应为“富潘”所制，由书法家韩敏所书。黄河治理专家潘镒芬后在此居住。

端善堂潘宅是一座五路七进的典型清代大宅院，坐北朝南。东路已改建，东起第二路为主轴线，进门后第二进为扁作花厅，厅内原先供奉潘氏祖先牌位。第三进为主厅，面阔三间13.8米，檐高3余米，梁架扁作，逢柱生斗，前有船篷轩。立柱粗壮，上部饰有棹木。俗称纱帽厅。

厅前有一排明瓦落地长窗。庭前原有砖雕门楼，现已不存。大厅两侧均设备弄，备弄内设有很陡的封闭式木楼梯，可供上下出入。后部有带夹厢楼厅两进。堂楼构筑雅致，雕花门框犹在，两侧厢楼屋内均以方砖铺地。东路房屋已改建，失去原貌。西路以圆作厅堂为主，屋宇栉比，庭院深深，古貌犹存。中路花厅两进。潘宅后门在南石子街，远看只见一排高耸的楼屋，墙上有藤萝，风致绝佳。

2018年，东部修缮，设姑苏小院，属于苏州文旅集团旗下姑苏小院品牌系列。现为苏州市控制保护建筑。（参阅：人物传记“潘镒芬”条）

韩崇故居

在迎晓里4、6、8、10号，一弄4号。清代金石家韩崇故居，原有宝铁斋。该宅坐北朝南。正路五进。第一进为门厅，外檐列桁间牌科；第四、第五进为楼厅，第五进面阔五间13.4米，进深五檩6.4米，楼

韩崇故居

下置鹤胫轩，格扇双面雕刻书画。前出二厢。西路花厅前有庭园，残存湖石假山。另有马房3间，与正路门厅隔巷相对。现为民居。苏州市控制保护建筑。

卫道观前潘宅

在卫道观前1—8号。清乾隆五十二年（1787），徽商潘麟兆耗银15万两所建。

全宅五路六进，坐北朝南，占地面积约6700平方米，建筑面积约7500平方米，东至徐家弄，西抵平江路，后门通混堂巷。2005年修复中路和西一路部分，约2000平方米。中路建筑偏西，依次为门厅、轿厅、大厅及三进楼厅住房。每进之间用库门分隔。轿厅前门楼题刻“居德斯颐”。大厅前门楼题刻“秉经酌雅”。厅前石板天井，大厅台基为花岗岩，设台阶3级。厅前横贯庑廊，顶部为一枝香翻轩，有18扇落地长窗。前檐挑檩头雕有水浪、龙头、鲤鱼，内檐雕灵芝梁垫，构思

卫道观前潘宅外墙

独特、精致、巧妙。大厅面阔五间17米，进深八檩13.7米，系硬山造，扁作梁结构，前有双翻轩，后有单翻轩，中间为四界大梁。堂中悬挂“礼耕堂”匾额，浓缩了“诗礼继世，耕读传家”的家训，由李少鹏据梁同书所作集字而来。大厅抱柱有吴大澂书写的红底黑文篆书联：心术求不愧于天地，言行留好样与儿孙。其梁架间棹木精雕细刻，镌刻有各种民间故事、成语典故的图案。厅后并排22扇屏门，后堂楼为五开间两厢楼。清末民初，大厅内有时临时搭台，演昆剧、京戏（含小京班）与提线木偶戏等。

西一路外三厅和藏书楼已修缮。门厅简陋，有东、西门房。进天井，东有备弄，西是古井，洞门“观复”内是袖珍花园，有水池绿植、假山半亭。花园北是前花厅。第二进为三开间轿厅，有后花厅。第三进为西大厅，是家庭主要活动场所。抱柱楹联：金玉其言芝兰其室，诗书为友道德为师。厅后是两层藏书楼，门楣挂有“酌雅”。后隔三尺天井是廊楼。

东路有一精致典雅花园，花木婆娑，精巧假山群中叠有“水帘洞”，上有形似唐僧师徒、观音、鲤鱼、四不像等奇峰异石。园林专家陈从周鉴识，洞内有自然形成的“福”“禄”“寿”等字样。1979年，因仿苏州网师园殿春簃为美国纽约大都会艺术博物馆建造明轩实样，花园中部分湖石被选中运去。园内尚有白皮松、紫

卫道观前潘宅砖雕门楼

薇、黄杨、枣树和零星湖石。园北鸳鸯厅是全楠木大厅。原共有8座精致砖雕门楼，现存3座，分别位于轿厅、大厅和堂前楼。大厅前砖雕门楼，原有“乾隆丁未”字样，构图严谨，雕工精细，内容多蝙蝠、蟾蜍、荷叶、灵芝、牡丹、梅、兰、竹、菊、石榴、佛手、寿桃等吉祥、镇邪图案，堪称清代砖雕门楼上乘之作。

大厅东首，隔一备弄即为花厅，名“半砚斋”，做会客与小型演出用。20世纪30年代，该斋犹有评弹响档如周玉泉、徐云志、严雪亭，苏滩名家沈金根，以及堂名、古彩戏法名家等人的演出。半砚斋于1945年除夕失火被烧毁。半砚斋之东南隅，另筑一中型客厅，名“稼秝堂”。该堂清静雅致，专供艺事、雅集、演剧等活动用。堂宽12.01米，长7.7米。堂北并排置本色屏门14扇，屏前居中设朝南男宾观剧正席，上悬“稼秝堂”匾。堂北倚回廊、天井、假山。该堂东、西两侧各有宽3.57米、长6.3米之厅翼，内设女宾观剧处。一说昔时在厅翼之上，曾筑专供女宾、家眷等观剧之阁楼，楼板与屋脊相距3.67米。该堂南端横贯轩廊，廊北并列落地长窗14

詩書為友道德為師

卫道观前潘宅

礼耕堂

扇；廊南为石板天井，其宽与堂同，长7.4米，昔时曾于天井中临时搭台演剧。天井正南筑砖雕门楼1座，上刻“艺苑□芳”四字，门宽2.8米，门外两侧原为戏房。

20世纪50年代，潘宅部分用作苏州振亚丝织厂仓库，部分散为民居。

2001年开始，分三期对潘宅进行修缮。重点修复西一路、备弄、小花园、中路轿厅、正厅及门楼。其他房屋做保养性维修保护。2005年底修复工程完成，修缮恢复面积约3000平方米，基本可见300年前的老宅面貌。2013年3月被列为全国重点文物保护单位。现布展为苏州城建博物馆。（参阅：博物馆“苏州城建博物馆”条）

顾颉刚故居

在顾家花园4-1号。始建于明代，系归湛初创建，与惠荫园同属一个主人，有堂称“米丈”；后为胡汝淳所得，易其堂名为“洽隐山房”。

整座宅院分为南、北两个部分。南部为顾氏祖宅，系清代早期建筑，坐北朝南，两路五进。东路第三进大厅面阔三间8.5米，进深七檩7.5米，圆梁扁作，有明代建筑风格。两侧辟贡式门景，东额“易安”，西额“逢吉”。屋顶平缓，檐口较低，装修古朴简洁。

西路第三进花厅三间，圆作梁，回顶，青石柱础，小方格窗槅。北部系近代建筑风格，主建筑为三间带两厢平房，南有庭院，现尚完整。正屋坐北朝南，为硬山平房，屋前有檐廊，正中客堂开落地长窗。堂屋内方砖铺地，后方6扇屏门居中。屋内已采用新式装饰，特别是顶上的泥墁吊顶，显示出西式手法，房门也是西式。客堂两旁有木隔障分隔，堂前方东、西两侧分别有门通向内室。屏门后有一小通道，又有一处小天井通往后进，现已封闭，天井两旁是厢房，与前面的内室有门相通。第五进为三正屋两后厢带一辅房的格局，正面看是平行四开间，正屋中间为客厅，两侧的厢房伸向后天井，屋前的天井宽敞豁亮。天井前，原先与前面的第四进有库门相通，现已砌断封闭，砖雕门楼还依稀可辨。门楣上刻有“子翼孙谋”四个大字，由著名戏剧家、书法家周贻白书写。西侧挨墙是一条半廊，东侧贯通南北各进的备弄也早已封闭，因而现存故居就成为一个单独的院落。

东路第五进东侧的辅房和主房紧密相接，在高度和构造上都和主房一样，原是顾颉刚的书房，和正房的一房一厢一样，也可分成前后两间。曾被单位借用，铺地已不是原样。西路的两进房屋和附房，现在也早已散为民居。

1993年顾颉刚诞生100周年，苏州举行顾颉刚先生学术研讨会。胡绳、费孝通、雷洁琼、钱伟长等全国学术界人士参加会议，并前往故居瞻仰，悬挂“顾颉刚故居”纪念匾牌。1998年11月被列为苏州市文物保护单位。（参阅：人物传记“顾颉刚”条）

顾颉刚故居

潘祖荫故居

在南石子街5、6、7、8、10号，迎晓里12号。现门额题“探花府”，门边有“潘祖荫”阴刻标牌简介。

潘祖荫，清咸丰朝探花，官至军机大臣，赏太子太保衔。晚年退居苏州，得堂兄潘祖同住所，仿祖父潘世恩北京御赐宅第规制，作北方四合院格局，改建三路五进坐北朝南大宅，占地约8000平方米。

迎晓里有潘祖荫宅的一部分。此处门前有古井一口，墙上有《五圣阁碑》石刻两块，但字迹已很难辨认。12号原为潘氏家庵。第一进三开间，落地长窗8扇，

潘祖荫故居园景

梁架尚好，翻轩、地板基本完整。第二进也有翻轩，前有花窗，歇山式顶、立柱同为夏布泥墁黑漆，青石鼓墩柱础有浮雕，落地长窗已损坏。

老宅中路是潘宅的精华所在。五进皆为楼屋，以厢廊连通为走马楼式，楼与楼之间庭院宽敞。前三进曾为民居，后居民已陆续搬走。潘祖荫是收藏大家，他收藏的金石文物从北京运回来后就收藏在中路第一进的三间楼房里。第四进面阔三间带两厢16.2米，进深13.9米，高约10米，扁作梁，装修较精。西路砖雕门楼有嘉庆年款。大门外有拴马环3个。东路前部曾由苏州床单厂使用，半做旅馆，半做职工家属宿舍。

修缮后的潘祖荫故居由东路进入，一进门，走过一个天井，便是一间花厅。花厅原是潘家书房，称“竹山堂”，现在是花间堂的接待大堂。大堂之外，便是东路的花园。园中多种薄荷，山石之间，一座两层船舫临水而建。船舫当年是书房，和之前的花厅并称“大旱船”“小旱船”。有槛外楹联：池边客约同邀月，帘外禽言莫损花。轩内悬匾“云读泉听”。花园后的房屋改设为21间客房和1处餐厅，由花间堂经营，对外开放。其中第四、第五两进房子具有典型的走马楼格局：东、西两侧楼上楼下都可以通过回廊走通。第四进两侧回廊的木楼板皆采用长11米的整块原木，上面还曾铺设磨细方砖，据说为潘氏收藏所需，既防火防潮，又能避免沉重的青铜器皿在搬运时伤及地板。在二楼回廊的墙壁上，还有两处圆形窗户，内置一块可推拉的大方砖，有通风、采光、瞭望的功能。

西路的竹丝大门进入后，第一进房屋作为苏州文旅会客厅·探花书房使用，厅后有一座砖刻门楼，额题“荫槐旋马”四字，门楼旁边有古井一口，尚可用。穿过备弄往东，即进入中路的主体部分：回字形楼屋，将一座四方的天井围拢其中，高轩硕柱，规制严整。现中路第一进楼厅二楼悬有潘祖荫手书的“攀古楼”匾额仿制品。中路第二进区域陈列1∶1比例仿制的潘氏旧藏大盂鼎、大克鼎，追怀潘氏收鼎、护鼎、捐鼎的往事。（参阅：人物传记“潘祖荫”条）

郭绍虞故居

在大新桥巷12、13、20号。

1927年，著名学者、文学家郭绍虞在燕京大学任教授后，略有积蓄，遂在苏州购下大新桥巷一处建于晚清的普通民居以奉养父母，书斋取名“照隅室”。他还请当时在家乡任教的兄长郭际唐一家陪伴父母同住，自己则常在假期回苏州看望双亲。

此屋面临新桥河，坐北朝南，建筑面积660平方米，前后四进。主体为圆堂3间，前置翻轩，堂西有楼2座，今尚完整。

大门外沿河曾有一高大照墙，两旁是通往河埠的石阶。穿过门房，经由弹石铺就的天井通往轿厅，天井两旁砌有白色矮墙。轿厅后的天井也是弹石铺砌，西侧靠墙有一花坛，种有蔷薇、栀子等花木，也有些太湖石。东侧是走廊，廊的外侧有矮墙。

过天井是花厅，厅后有一拱门，上有郭绍虞父亲郭鲁卿手书篆体“大富贵亦寿考”六个大字。进入拱门，右侧为方厅，厅内方砖铺地，房顶很高，夏季极阴凉。墙的上部有气窗，镶有各种颜色的花玻璃，开闭需用绳索拉动。方厅外室有口水井，夏日可用于冷藏。室内周边有靠背椅和茶几，中间有张长桌，侧面两张沙发是仅有的西式家具。郭绍虞常在方厅内会见文化教育界的友人。方厅内室与外室

郭绍虞故居

之间有木雕长窗隔断，内室为书房。

位于方厅西北的大厅是主要的会客场所。厅内长方条桌后墙上挂有似是神仙的人物画一幅，画两旁墙上和后庭柱上都挂有对联，其中一副系王同愈所书。厅内一色红木家具，太师椅背上镶嵌有大理石。厅南面向天井的是一排落地长窗。天井以石板铺地，放着几口大缸，有的用以接盛天落水，有两口是郭鲁卿种荷花用的。天井南面墙上有绿色琉璃瓦当花墙洞。天井西侧是郭绍虞母亲早晚念佛的佛堂。大厅背后两间住房通向小天井，有落地长窗。小天井内有一口井，供日常饮用。后面灶间天井内有一口和隔壁安节局共用的水井，供日常洗濯。

大厅西侧是女厅，油漆呈暗紫红色。厅内也有字画。沿天井有落地长窗，天井内也有水井。女厅楼上是郭际唐一家居住的地方。由女厅往西是郭绍虞和父母居住的地方，父母住楼下，郭绍虞住楼上。面向天井有落地长窗，天井内有一小花坛。（参阅：人物传记“郭绍虞”条）

钱伯煊故居

在悬桥巷23、25号。明清时期建筑，系钱益荪为了能让嗣子钱伯煊开业行医，于1916年从一位姓陆的业主手中买下。

这是一处典型的苏州传统民居，坐北朝南，两路六进。东路为主轴线，依次是门厅、轿厅、大厅，接着是两进楼厅，最后为下房。由大厅西折，便进入西路。前面残存花园一区，尚有花厅3间与曲廊相接。花厅北面，平房3间一字排开，宽敞明亮，中间为客厅，左右为卧室，是钱伯煊当年起居之处。屋前庭院杂种花木，四周围墙深锁，宁静雅致。

建筑是明代住宅逐年改建而成，最为古老的是主轴线上的第三进，即大厅，构架和局部构件保持着明代建筑的特征。大厅面阔三间计10.4米，进深8.3米，屋面举折平缓，梁架扁作，前后各置翻轩。梁间坐斗呈荷叶状，与棹木、山雾云等构件均雕刻精美，线条柔美流畅。东、西壁面贴砖细墙裙，下有圭角，柱下承古镜式木础。该厅面积不大，但用料考究，做工细致。厅前庭院敞亮，有“世德流芳”砖雕门楼，砖雕纹饰古朴典雅。此处

钱伯煊故居

洪钧故居

大厅正是钱伯煊当年的诊所。

后两进建造时代较晚，庭前有清末状元陆润庠所题“吴越世家”砖雕门楼。据说宅内曾有3口古井，现有明朝古井1口。1998年11月被列为苏州市文物保护单位。1999年底为民居。（参阅：人物传记“钱伯煊”条）

洪钧故居

在悬桥巷27、29、31号（原34号），为清同治七年（1868）状元洪钧的故居。洪氏老宅在胥门内西支家巷11号，洪钧考中状元后，在悬桥巷建府第。此宅占地面积约3000平方米，坐北朝南，三路七进，后门临菉葭巷河（河于1958年填没），原有廊桥，过桥即至菉葭巷。西路是主轴线，前有照壁，墙面亦有照壁相对，入内依次为轿厅、花厅。花厅前原有旱船、亭子、假山、桂树，现已无存。第四进为大厅桂荫堂，“桂”字指祖籍徽州歙县桂林村，今已拆除。厅后两进为堂楼与上房，连以厢楼和旱桥。末进为下房，通后门。中路前为洪氏祠堂，即桂荫义庄，有门屋和享堂，左右以两庑相接，呈四合院布局。享堂面阔三间11米，进深8.6米，扁作梁，前船篷轩，外檐施斗拱，梁枋作浅浮雕。东、西两庑各6间。住宅包住祠堂西、北两面。西路与中路祠堂之间有备弄。备弄至享堂北东折，复北转，贯通中路及东路。中路在祠堂北，前为楼屋3间，连东、西两厢，其后还有上房一进。东路有花厅及两进上房。洪钧妾傅彩云（赛金花）在苏州时，曾住西路第五进堂楼。民国时期，耆绅张一麐曾借寓此宅东路上房。

洪钧故居是苏州古城内保存较完好的清末苏州状元故居，在研究清代建筑和苏州人文历史方面有较高的价值。1998年11月被列为苏州市文物保护单位。（参阅：人物传记“洪钧”条）

方嘉谟故居

在悬桥巷45、47号，为清末民初西医专家方嘉谟故居及其所创惠民医院旧址。该宅坐北朝南，现存第二进为面阔三间大厅，明式建筑，存木鼓墩、船篷轩、荷叶凳、山雾云，门窗、地坪有改。第三进为面阔三间楼厅，前有船篷轩，天井内花岗石地坪部分保留，门窗已改；天井内砖门楼已毁，屋后五界回顶穿廊。第四进为面阔三间楼厅，楼梯为竹节雕花装饰，前有鹤胫轩，扁作雕花梁，雕刻精细。门窗裙板保存较好，室内方砖地坪保留。此处为方嘉谟故居之主宅，宅旁一栋假三层西班牙式别墅，为方嘉谟于1933年创办

方嘉谟故居

的私立惠民医院，红瓦尖屋顶，水泥拉毛白墙，前有水泥勒脚阳台，西式铁窗。别墅前有一花园，碎石铺地，环境幽静，整组建筑保存较好，特征明显，是西风东渐时的代表性建筑。当时医院设内科、外科和儿科3个诊室。现天井院落、门厅、廊均已略做改动。2009年7月被列为苏州市文物保护单位。

黄丕烈故居

在悬桥巷46号（平江华府酒店内），门上有李镜清题“黄丕烈藏书楼”。宅建于清嘉庆七年（1802），清代藏书名家黄丕烈居此，现有黄丕烈“百宋一廛”藏书楼故址。道光十二年（1832），翰林院编修潘遵祁携兄弟希甫奉其祖潘奕隽遗命，在其故居创建潘氏松麟义庄，对族内子孙贫乏者加以周济。1949年后，义庄和

祠堂曾先后为敬善中学、悬桥小学所使用，后归美术地毯厂。1985年，为工艺美术玩具厂。后归丝绸服装厂，至2010年。现由平江华府酒店（大门设在菉葭巷88号）经营管理。

酒店对故居进行整体维修与保护，按照原来的式样在原址上重新翻建。酒店里有一条长廊，由长廊的月亮门往内就是黄丕烈故居的范围。长廊西侧墙上悬挂着手书《百宋一廛赋》。在此赋对面，有一砖额题“宝墨堂”，推开此门有一宽敞的独立小院。东墙下有盆景花台，前设茶案、靠背椅，四角栽树；北侧朝南有一座两层高楼，即黄丕烈藏书楼。一层为宴会厅，上有横匾“宝墨堂”，光绪十一年（1885）夏五月由俞樾题写，两侧白底黑字楹联“藏书重似连城璧，蓄砚多于负郭田”，款“伯寅潘祖荫”，阳刻“潘祖荫印”。餐桌北侧设4扇书法屏风，南北都是落地长窗，西北角有扶手木楼梯可登楼。二层是会议室，长桌前两排靠椅，南侧梁下悬李镜清题“百宋一廛”横匾，东侧靠墙设4架书橱，西侧设屏幕。房屋的主梁乃是原楼的构件，布置简洁雅致。潘氏松鳞义庄现存祠堂及花厅等建筑，有咸丰三年（1853）《松鳞义庄记》碑，为苏州

黄丕烈故居

市控制保护建筑。(参阅:人物传记“黄丕烈”条)

唐纳故居

在胡厢使巷40号。唐纳,原名马骥(季)良,居胡厢使巷的马家墙门大宅内。

宅院有三路五进加后园。中路主轴线前有石库门墙,从正门进入,有门厅、轿厅、大厅和两进楼厅;楼上有回廊相通,称走马楼;最后则为种蔬植果的后园和储粮堆柴的附房。两侧为备弄,分别构成东、西两条辅助轴线,筑有花厅、书房、琴馆、画室及厨房、贮物间等。基本保存明清老宅的格局。后来由于子孙繁衍,各房分居,到唐纳祖父一辈,弟兄二人将大宅一分为二:东轴线一片归小房所有,现东路第三进存民国洋楼一座;主轴线及西部归唐纳祖父所有。到唐纳父亲一辈又将这片一分为四。东侧庭院尚存花厅、亭子等。现为民居。苏州市控制保护建筑。(参阅:人物传记“马骥良”条)

唐纳故居

东花桥巷汪宅

在东花桥巷33号,坐北朝南,建于清代,现均为民宅。现存建筑面积约3970平方米。东部共三路六进,西部原为义庄,中路依次为门厅、轿厅、大厅及三进楼厅。

临街为砖细贴面墙,有汪宅简介。第一进门厅三开间,承檐额枋上一字并列斗拱四朵;前方扁作梁、船篷轩,后为圆作抬梁式木构。第二进轿厅为三开间,颇为敞朗。第三进大厅即主体建筑中和堂,为清代早期建筑,面阔三间13米,进深七檩9米,扁作梁架用材粗壮,山雾云雕刻精细,有较强的立体感。明间脊檩上留有彩绘痕迹。前有翻轩,后置白漆屏门,保留着古朴宏敞的建筑风格。厅前隔院北向矗立一座硬山式砖雕门楼,阔3米,高5米,刻有清康熙五十四年(1715)篆书“质厚文明”题额。砖雕采用深浮雕工艺,出檐下置一字形斗三升砖斗拱六垛,拱眼壁上雕出不同字形的五个“福”字,含“五福临门”之意。上枋雕刻状元跨马游街,下枋雕刻鲤鱼跳龙门等故事以及花卉、文字,形象生动。两侧为垂花柱,构图严谨简洁。此门楼为苏州现存不多的清代早期砖雕精品。第二进楼厅前有座清嘉庆年款

东花桥巷汪宅门口（①）、内景（②③）

硬山式砖雕门楼，布局十分简洁，上枋素面，题额刻有“兰署金娣”四字，下枋中间雕刻一组寓意为吉祥如意的图案。楼厅前还有座砖雕门楼，题额“引领紫微”四字保存完好。门楼分别为嘉庆五年（1800）及十四年（1809）建造的。东路原为花园，有荷花池、假山、亭廊等，西路有花厅、佛堂、花园等。但东、西花园部分均已废毁，东路庭院尚存花厅、山石等。1982年被列为苏州市文物保护单位。

吴锺骏故居

吴锺骏故居

在潘儒巷79-1号，又称闵采臣宅。清乾隆朝时重修。五进八间，占地面积1809平方米。道光年间为状元吴锺骏所住。1924年吴家后裔吴阿憨将房产卖给伤科医生闵采臣，1938年又为缪澄江所住。1949年后，门前第一进为吴县丝织厂驻苏办事处，其余为民居。1958年为吴县丝织厂厂房。留有“刘海戏金蟾”砖雕图案和“五福捧寿”滴水瓦当，砖雕门楼有“麒麟送子”图案，女厅门楼上残存“乾隆□□桂月”字样。1983年被列为苏州市控制保护建筑。1999年后为民居。（参阅：人物传记“吴锺骏”条）

会馆寺庙

苏州自古繁华，经济富庶，商贾云集。明清之时，会馆如林，清末逐渐式微，至今仍有一些较好的会馆保存下来。苏州古时受宗教文化影响颇深，这些影响一部分体现为建筑这种物化形态。本章将本志所载范围内会馆寺庙一一记载。

天宫寺
居士林
安徽会馆
卫道观
全晋会馆
元和县城隍庙
长洲县学大成殿
外城河

全晋会馆

在中张家巷14号，又称山西会馆。清乾隆三十年（1765），旅苏晋商集资兴建于阊门外山塘街半塘桥畔。咸丰十年（1860）毁于兵火。光绪五年（1879）至民国初，重建于中张家巷14号。会馆占地面积约6000平方米，坐北朝南，以中路为轴，分中、东、西三路建筑。

中路建筑是会馆的主体，气势雄伟，富丽堂皇，有门厅、吹鼓楼、戏台与大殿，是当年晋商们举行庆典和娱乐活动的场所。建筑为庙堂殿宇式，崇脊筒瓦，精雕细刻，飞金涌碧，宏伟庄重，具有山西建筑特色。

雕饰门厅吹鼓楼　门厅宏伟轩敞、光彩夺目，是典型的清代砖木雕饰建筑，雕镂千姿百态。门厅前半部轩廊桁椽呈花瓣状，名为海棠轩；后半部轩廊桁椽呈弓弧形，名为鹤胫轩。两轩廊顶端的八朵彩色斗拱，雕饰“凤穿牡丹”，气势不凡，显示出华丽与富贵。海棠轩廊枋之上饰以双排金黄木雕蝙蝠，枋下饰以朱红金钱纹垫拱板，连接3幅宫式万字纹挂落，中央镶嵌3盆万年青，这是寓意为“福禄寿”的群雕。门厅外东、西两侧是砖细贴面蝴蝶墙，与南面的铁栅栏合围成宽2.5米的八字形院落。进入门厅，两旁是对称的歇山顶亭阁式吹鼓楼，为罕见的礼仪建筑。

全晋会馆

戏台藻井　戏台有戏楼两层，底层为仪门及两廊，楼层由向北伸出的戏台、5间横列的后台和左右各5间纵连的厢楼组合而成。台面阔7.06米，深6.56米，高3米，通高约11.5米。歇山式台顶覆盖黑色筒瓦，龙吻脊，飞檐翘角，俊秀柔美。檐口额枋缀饰浮雕，上有双凤对翔、二龙戏珠；金狮倒垂台柱，蝙蝠静伏裙壁，牡

全晋会馆

红底镶黑的鸡罩形藻井

丹怒放，彩凤翩跹。拾级登台，可见上方红底镶黑的鸡罩形藻井，内壁榫卯连接，排列有序的324只黑色浅雕蝙蝠与306朵金黄色圆雕云头相依相绕，组成18层螺旋向上的蟠龙纹饰，汇聚在顶端中央铜镜处。独特的造型、结构，与四方形的台面上下对照呼应，象征天圆地方、天动地静，蕴含方中含圆、静中蕴动、阴阳平衡、对立统一的宇宙哲理。浅雕蝙蝠与数百朵圆雕云头镶嵌在由数百块黑色小木板拼合成的底板上，形成由1000多块凹凸不平、排列有序的小木板组合成的藻井壁。当台上发出的声波聚拢在藻井中时，就由这些小木板将声波反弹到露天剧场的各个方位，产生余音绕梁的音响效果。

庭院式露天剧场　古戏台的后部是供演员化妆候场的后台。两旁与之连接的是长达21米的包厢式东、西观剧庑廊，称为耳楼或厢座。庑廊上下两层，楼上女宾席为晋商女眷观戏专座。与戏台南北相望的是巍峨的大殿。殿内亦有舞台可供演出，四周陈列昆剧历史标牌。殿前构筑花岗石露台，作为观戏主宾席。戏台、庑廊和大殿围成一个封闭性的1000多平方米的庭院，形成可三面观戏的庭院式露天剧场。包厢与戏台之间空间处理科学，观众可随意选择座位，视线均不会被包厢或戏台的柱子遮挡。戏台又是三面向外伸出型，观众能多方位欣赏演员的表演，将其一招一式尽收眼底；藻井的扩音效果，又使演员的自然音质可以清晰地传递到剧场的每个角落。当年修复时，建筑大师贝聿铭和中国著名园林学者陈从周来参观，贝聿铭认为这戏台造得恰到好处，必定出于高手。

东路有房屋数十间，供短期到苏联系事务的晋商寄宿存货，以及收留在苏州破产失业的晋商暂住。西路建筑庄重朴实，有两厅一庵。楠木厅和鸳鸯厅为晋商们交流商情、相互借贷、调剂资金的洽谈场所；万寿庵为停放已故在苏晋商灵柩之处，每年由山西派专船将灵柩迁回故土。现在会馆用作戏曲博物馆进行陈列、表演。

1958—1984年，会馆先后为工厂、学校所用，东路及西北隅散为民居。1976年大殿不慎失火被烧毁。1983年10月进行全面整修，共耗资120万元，复原当年面貌。1986年10月，会馆成为苏州戏曲博物馆。2003年11月22日，又增挂中国昆曲博物馆牌子。2006年被列为全国重点文物保护单位。（参阅：博物馆“中国昆曲博物馆”条）

现门口有“中国大运河遗产点”标牌，并竖《全晋会馆重修记》，篆题额，隶书文。附如下：

全晋会馆为清光绪五年公元一八七九年山西旅苏商人所建，规模宏伟，布局严整。后因修葺不继，渐趋破败，其正殿于一九七六年不慎焚毁。一九八三年十月起陆续整修头门、吹鼓亭、戏楼厅堂，并重建大殿，至一九八六年十月竣工开放。共用一百二十万元。

全晋会馆为苏州现存会馆建筑中较为完整的一处，其戏台尤称精美。一九六三年被列为苏州市文物保护单位，一九八二年公布为江苏省文物保护单位。

公元一九八九年四月苏州市人民政府立。

全晋会馆局部石雕

安徽会馆正门

安徽会馆

在南显子巷18号，苏州市第一初级中学校园内。其地明代为“洽隐山房”，清代改为“皖山别墅”。太平天国时，合南、北两显子巷地建听王府。清同治三年（1864），李鸿章将听王府改建成程学启祠，由淮军将领张树声、刘铭传等捐资购地，其范围南至南显子巷照壁，北抵悬桥巷河沿，东界道义街（仁孝里），西接民房。程祠在其南部居中。同年李鸿章等捐资在祠东筹建安徽会馆。五年（1866），重修园林，将所得祠后倪氏洽隐园一起扩建，取名“惠荫园”，作为安徽同乡宴息之所。六年（1867）七月，会馆落成，其屋二百数十楹。光绪二年（1876），又在程祠西建淮军昭忠祠。四年（1878）至六年（1880），会馆增筑伫月楼、戏台，并造机房数十间。二十年（1894），张振轩增建安徽先贤祠，李鸿章续拨巨款，命赵宗道修园，修成有会馆、祠堂、花园、公所、机房等的建筑群。

1963年被列为苏州市文物保护单位。2003年3月，安徽会馆修复竣工。修旧如旧的安徽会馆砖细门楼在小巷深处。门楼前有新建的铁护栏。左、右有石库门各一，门上包铅皮钉，钉有装饰及虚空大字，连同西侧的皖山别墅大门，从东向西依次为“福、禄、寿”三字。“福”字门上有砖饰门额“憩棠”，“禄”字门上有砖饰门额“敬梓”。再往西依次是程公祠和先贤祠，各存头门、仪门、享堂三进，均为坐北朝南的三开间硬山式建筑，其中程公祠享堂高大，梁枋上的苏式彩绘尚清晰可辨。2006年，惠荫园被列为江苏省文物保护单位，安徽会馆是其中一部分。

长洲县学大成殿

在干将东路苏州市平江实验学校内。现存大成殿为清光绪八年（1882）重建，重檐歇山顶，面阔七间32米，进深六檩17米，高约18米，扁作梁架，四周有外檐桁间牌科，前设月台。近数十年来在此办学校，附属建筑或拆或改，多非原貌。

殿内梁架上存有多处苏式彩绘。原殿内有清代皇帝书额数块：“万世师表”，康熙二十三年（1684）颁；“生民未有”，雍正三年（1725）颁；“与天地参”，乾隆三年（1738）颁；“圣集大成”，嘉庆三年（1798）颁；“圣神天纵”，同治三年（1864）颁；“斯文在此”，光绪三年（1877）颁；“德配天地”……上有云鹤花板顶等，1970年拆毁，仅存殿架。殿中现存有3块完好无损的碑刻，系学校整修操场时挖出。

1994年，苏州市文管会、教委联合对大成殿进行全面系统修缮。1998年，被列

长洲县学大成殿

为苏州市文物保护单位。

2014年，大成殿屋面、墙面、门窗、地面、木构件等分别进行整修和保养，铺设电线、整治防雷设施、开展白蚁防治等，建筑面积约544平方米。改造修缮后，为平江实验学校校史馆。

2019年8月，大成殿作为古城保护展示馆进行改造提升，由苏州姑苏古建保护发展有限公司负责实施。展示馆脱离建筑原结构，加建飘带造型和钢结构平台，新加的造型和原先的建筑互不干扰、互相尊重。整个展示馆分为两层：一层展示古城保护过程和系列成果，二层有苏州古城沙盘和古城保护影院。（参阅：学校书店“长洲县学”条）

天宫寺

在菉葭巷10、11号，天宫寺弄1、3号。

东晋时，菉葭巷有天宫寺。唐乾宁三年（896），僧了然建，初名武平院。北宋大中祥符年间，天宫寺再次重修。

天宫寺

明正统年间，僧弘演创设小法堂（即药师殿）。景泰二年（1451）重建大殿。万历十四年（1586），僧通泉从万寿寺移居至此，并于寺旁东北建万寿善财院，又修殿。清康熙年间，僧豫则重修天宫寺。咸丰十年（1860），佛像被毁，仅存殿宇。同治十年（1871）再次重修。1917年临平市民公社集资修理，存有吴县知事公署警察厅备案保存的古迹“天宫古刹”碑。1965年后为民居。现为苏州市控制保护建筑。

天宫寺现存朝南一路。第一进为大殿，歇山顶，四周立抹角方石柱，面阔三间9.75米，进深8.5米，高7米余；第二进是佛堂，堂后有一碑，上有“天宫禅寺”字样；第三进金刚殿已毁。

居士林

在菉葭巷31号，为专供居士定期聚会念佛、做佛事之场所。

民国初年，苏州有少量莲社组织。1958年合并为苏州佛教居士林，定于现址。

1987年9月，居士林翻修竣工，恢复活动。1995年又修葺一新。门额题“苏州佛教居士林”。进门为韦驮殿，右侧为弘法间。正中大殿供奉如来、西方三圣等金

苏州佛教居士林

身佛像。有藏经楼、观音殿、祖堂、药师殿等。

卫道观

在卫道观前16号。苏州旧时有“三宫九观廿四坊”之说，卫道观乃九观之一。元初，蜀人邓道枢游吴中，得上官氏废园扩建，名会道观。明洪武初，归并于玄妙观。成化十二年（1476），道观住持张复淳目睹“真宇之失观，若膏肓之匿竖”，于是带头捐出自己所有的积蓄，并向善徒信众募征善款，重建殿宇，于弘治年间大功告成。祝允明特为撰写《会道观修建记》以示庆贺。嘉靖二十年（1541），长洲县令吴世良再度修葺此观。因为会道观正好在新县学的北面，势若拱卫，所以吴世良将会道观更名为卫道观。曾任吏部尚书、武英殿大学士的常熟人严讷为之作记。

清康熙四年（1665），法师周弘扩建。郑敷教《重修卫道观碑记》载：“是役也，修建殿宇，增塑神像，金碧丹垩，堂构罘罳。前拓明堂，立两廊庑，长逾数丈，深广半之，一供三元大帝，一供三茅真君。后则缭以墙垣。殿东西各树危楼，凭栏四望：青山粉堞，树色塔影，晴雨皆宜。贴楼而东，曰东华堂，中供文昌像，西曰西华堂，方广一如东华。”此后卫道观又经嘉庆十五年（1810）、光绪十四年（1888）、1917年和1953年几度修缮。1958年被用作皮卷尺厂房后，遭破坏和变更，仅存山门、玄帝殿及三清殿共三进明代建筑。

现存的主要为中路及西路建筑。中路依次为山门、灵宫殿、玄帝殿、三清殿、后殿（斗姆殿），其中三清殿是全观的主殿。此殿基本完整，面阔三间13米，进深

卫道观

17米，高10余米，硬山造，扁作梁架，两山墙用8根花岗岩抹角方石柱，柱础均为青石素覆盆式，尚存明代遗构。

观中各进殿宇之间均为天井。中路殿宇两侧均有廊庑，分别以月洞门与东、西两路相通，门上原有水磨细砖门额。西路为西华堂，前后共三进。堂中原有“可与宏教”匾额。堂前另有平房5间，为厨炊、库房及沐浴之所，并有古井1口。堂西与礼耕堂潘宅隔墙相邻，潘宅中的白皮古松与紫薇的青枝绿叶伸过高墙，与道观相映成趣。1982年10月被列为苏州市文物保护单位。2013年修缮竣工后保护性使用。（参阅：保护更新“修复利用”条，博物馆“苏州苏扇博物馆”条）

元和县城隍庙

在肖家巷48号。与钮家巷之间原东升里有丁晋公祠，供北宋丞相丁谓，后废为土谷神祠，宋元丰元年（1078）建。清雍正时设元和县，四年（1726）改为县城隍庙，祀城隍司，俗称阴元和堂。阴元和堂有大堂、二堂、三堂，俱供偶像，堂上设公案，差役塑像侍立左右。旧俗元和境内之人亡故后，逢七日到阴元和堂烧香供奉；逢农历正月十七、五月十七、八月十七举行庙会，放焰口、做戏等。

清同治六年（1867）重建，内祀张武安君为城隍（张明，东汉时名将，佑光武中兴，致命凤池，旧时钮家巷一带为凤池乡，以其为凤池乡土谷神）。光绪十二年（1886），知府魁元以神灵迹昭彰，详请督抚奏加封号，得旨命允“绣壤敷仁”匾额，并加封号“保民”。其正殿一直到20世纪50年代尚供奉城隍爷和众皂隶的塑像。尚存硬山式后楼及配殿。后楼面阔三间13米，进深10.45米，青石覆盆式柱础。过街楼有砖刻门额“凤梧道院”。原有唐寅、祝允明、董其昌书法石刻。石刻现藏苏州文庙（苏州碑刻博物馆）。20世纪90年代为房管仓库，部分为民居。2018年，部分建筑修缮改造为人文艺术休闲空间右见文化。苏州市控制保护建筑。

元和县城隍庙

博物馆

平江路区域内一些古建老宅在修复后被布置为博物馆向公众开放。目前共有7座，它们展示了苏州的城市发展、民俗曲艺、学子学风等，主题鲜明、各具特色，吸引大批游人前往参观，是展示苏州灿烂文化的重要窗口。

苏州民俗博物馆
苏州城建博物馆
苏州苏扇博物馆
苏州评弹博物馆
中国昆曲博物馆
苏州状元博物馆
苏州城墙博物馆
外城河

中国昆曲博物馆

在中张家巷14号全晋会馆内。1986年建成苏州戏曲博物馆。馆内陈列戏曲文字资料、图片，珍藏有多种昆剧明刻本、戏曲原碑拓片，以及昆剧、苏剧各种珍贵的清代手抄折子，各类戏曲实物、乐器和各行当服饰。馆内常年组织昆曲、苏剧、评弹等各类戏曲节目演出。后经批准，在苏州戏曲博物馆的基础上，利用全晋会馆古建筑，筹建中国昆曲博物馆。2003年11月22日，中国昆曲博物馆由文化部授牌正式对外开放。

博物馆中路有昆曲史话展区、昆曲乐器与服饰展区，东部为晚清民国昆曲展区，西部为新中国昆曲展区。此外，还有昆曲与生活馆、教育活动室、视听欣赏室。全晋会馆大殿有室内戏台，供日常演出使用，室内戏台两侧，陈列展出昆曲服饰，包括服装、盔帽、髯口、面具、脸谱及各种道具等。清末民初宝和堂的昆曲堂名灯担是昆曲博物馆的镇馆之宝。旧时苏州大户人家若有婚庆、做寿等喜事，时常请堂名班子到家里来唱堂会，班主便将堂名唱台拆卸后用箱子挑到主人家，再将它安装在主人家的客厅里，因此称为堂

昆曲表演

中国昆曲博物馆内古戏台

名担。考究的堂名担还装有各色玻璃彩灯，称为堂名灯担。宝和堂堂名灯担采用紫檀木、黄杨木镂雕制成，白玉栏杆，双层飞檐，缀镶象牙珊瑚宝石，顶端三面出挑莲茎形铜梗，悬挂玻璃莲花彩灯，是国家二级文物。博物馆还收藏着大量昆曲演出脚本，包括木刻本、石印本、抄本，有数以百计的昆曲艺人抄本。

苏州评弹博物馆

在中张家巷3号原沈宅内，建筑面积839平方米。2004年建成并对外开放，内部与全晋会馆接通，连成一处。门厅前楹联为：论世三千年惟妙惟肖，弹词廿四史亦庄亦谐。其西部南路的鸳鸯厅，是弦索叮咚的评弹演出常用场所。厅内前后梁枋的梁垫形状与镂刻图案均相异，梁枋跨度也不等，故称鸳鸯厅。厅内分隔为前、后两厅，每逢聚会，前厅为男宾席，后厅为女宾席。厅前院中植金桂、银桂各1株，每当仲秋，满院飘香，所以又称桂花厅。现在厅内设有清式茶园书场，邀请各地评弹名家在此演唱今占传奇。2006年，苏

评弹演出

州评弹被列入第一批国家级非物质文化遗产名录。

该馆以宣传、研究评弹的历史、艺术特色，留存相关资料、文物为主要职能，设陈列室、评弹研究室、资料档案室及办公室。评弹研究室参与《评弹艺术》共27集的编撰，以及有关戏曲、曲艺的历史、艺术特色等方面的专著、专集、论文和相关专题的研讨会、交流会资料的编写。辟有评弹和民族器乐陈列室。馆内收藏有马如飞的说书笔记《梦史》，“琵琶王”薛筱卿曾使用过的琵琶，清代评弹名家的手迹、遗物及各流派唱调的视频，有各种评弹孤本、脚本数百部，并有陈云夫人于若木捐赠的陈云生前珍藏的评弹音像资料560多盘，共计各类珍贵历史资料1.2万件。

评弹博物馆入口西侧为老义和茶馆，向北过天井有标老式茶馆书场的指示路线，由左向前为清代评弹书目及名家；右转弯向南为光裕厅，一侧为传统书目概观，一侧为上海书场一条街、民国初至20世纪40年代名家介绍；继续前行向右至博物馆东路，有临时特展厅，再向右前行有领导关怀展厅、现当代展厅、评弹在海外展厅。

苏州状元博物馆

在钮家巷3号，潘世恩故居内，2014年11月正式对外开馆。博物馆主要介绍以潘世恩为代表的独具特色的苏州状元群体，展出与苏州状元文化相关的珍贵文物。博物馆占地面积约1000平方米，利用故居门厅、轿厅、鸳鸯厅、纱帽厅、后厅及备弄等处进行陈列展示。

首列前言　自隋唐开科取士至清末废除科举的近1300年间，苏州一地（包括历史上的吴县、长洲、元和、常熟、昭文、昆山、新阳、吴江、震泽、太仓、镇洋）共出文武状元50多人。尤其清代，苏州科试盛极一方，鼎甲及第者就达26人，江苏一半多的状元出自苏州，全国超过五分之一的状元来自苏州。

轿厅匾联　迎面匾额题“群英蔚起”，楹联曰：步屧园林，诗酒自适；运用吐纳，风流转佳。轿厅正中匾额“状元府第”，两侧楹联：文德武功，光昭世业；雄材盛烈，名盖当时。翁同龢书。正中下方为“苏州状元　甲冠天下——苏州古代状元地域分布”示意图，分别列出苏州府属各地历代文武状元姓名。东侧匾额“添筹称庆”，落款为“芝轩潘世恩”；西侧匾额“琴瑟和声”，落款为“芝轩潘世恩”。“进士”匾额，上款“钦命广东乡试副主考官兼礼部侍郎钱棨为”，下款“殿试乙卯恩科探花潘世璜题，皇清乾隆六十年岁次乙卯冬月吉日”。

鸳鸯厅　因整个大厅由挂落隔成南、北两个空间，建筑风格和功能各异而得名。为主人待客之处。现展陈科举文物，

鸳鸯厅外景

介绍科举制度及苏州状元“科甲鼎世”。

苏州状元按朝代统计：唐代8人，宋代8人，明代9人，清代26人，均按姓名、籍贯、中试年份列出。

苏州状元博物馆匾额

纱帽厅　整个大厅平面似明代乌纱帽，民间习称“纱帽厅”。原为主人书房，题名“思补斋”。此厅重点介绍潘世恩一生经历及潘氏家族的富贵显赫，为潘世恩专题陈列区。如有御赐“福”字匾：潘世恩高中状元后，为官五十余年，历乾隆、嘉庆、道光、咸丰四朝，深得皇帝恩宠，被誉为“三百年间第一福气之人”。每逢大寿，皇帝都会亲赐御匾。该匾即是道光皇帝于潘世恩六十大寿之时御笔赏赐的盘龙金匾。还有四川总督骆秉章的“一枝联秀”匾、两广总督林则徐的“仁寿齐辉”匾等。

潘世恩自撰并书楹联：富在知足，贵在不辱；勤能补拙，俭能养廉。另有《大阜潘氏支谱》、潘世恩世系家族图等。

后厅 该厅为故居中日常生活之处。展厅全面介绍苏州状元在中国政治史、学术史和文学艺术史上做出的贡献。

各厅堂内都有匾额题字、楹联。分别陈列书法条屏，明代状元图考，明清科举考试状元产生程序示意图，清光绪五年（1879）举行己卯正科浙江乡试题，洪钧殿试卷册页、乡试试卷，紫阳书院课艺《龙光书经》，状元印文，李家驹殿试试卷，状元游街木雕，魁星点斗木雕，明代文昌星君竹根雕，《国朝苏州府长元吴三邑科第谱》，潘世恩画屏风，五子登科铜镜，清代毛笔、墨盒、书拨、官服、顶戴，潘世恩题三多轩砚台，清代百大家名贤手札等。

备弄 以上三厅间各有天井院子相连，东侧则有南北向长备弄连通。墙上陈列的十几幅状元书扇面，原收藏在苏州博物馆，现由状元博物馆利用备弄展示。（参阅：名人故居“潘世恩故居”条）

苏州民俗博物馆

在潘儒巷32号，狮子林东北侧，原狮子林中段宅第东侧部分，北至潘儒巷。

1986年11月，苏州民俗博物馆建成开馆，为国内首创专门陈列与本地民间习俗有关实物的博物馆。其南部原为贝家祠堂和住宅，占地面积1031平方米，展厅面积370平方米。1994年，位于潘儒巷东侧的王氏惇裕义庄的两进古建楼厅经移建合并成苏州民俗博物馆北展区，占地1100平方米，展厅面积380平方米。后在西邻王氏惇裕义庄、北至焦言浜、南临潘儒巷、东临园林路的区域内向东扩建。

馆舍合计占地面积2131平方米，展厅面积750平方米。馆内收藏文物3000余件，设陈列展厅6个，即婚俗厅、寿俗厅、食俗厅、吉俗厅、节俗厅、吴歌风情厅。是一座以收藏、展示民俗文物，调查民俗事象，研究民俗文化为主要内容的民俗类专业博物馆。在潘儒巷开设馆门。2006年苏州市政府决定民俗博物馆

苏州民俗博物馆

行政归属苏州博物馆，名称保留。原王氏惇裕义庄部分现为苏州博物馆科技文物修复部。

先后编著出版《苏州民俗博物馆专辑》《苏州民俗博物馆十周年纪念专辑》《苏州民俗》《虎丘》《苏州民间故事》《苏州民间歌谣·谚语》《苏州民俗文化集英》《苏州传统礼仪节令》《风俗里的吴中》等专著，以及《苏州民俗知识》台历等。分别参加上海东方广播电台《蔚蓝夜话·婚俗谈》和苏州人民广播电台《吴中民俗魅力永存》、苏州电视台《漫步天堂》专题节目，与南京电影制片厂联合编辑拍摄《苏州婚俗》纪录片，与苏州电视台合作拍摄《寻访吴歌》《俗物雅趣》《吴歌》等专题片。同时还通过《人民日报》（海外版）和《中国文物报》《中外文化交流》《苏州日报》《姑苏晚报》等，从不同角度宣传江南水乡民俗文化。

苏州城墙博物馆

苏州城墙博物馆

在仓街南端，相门桥西堍北侧，相门段城墙南段中空部位。东侧临外城河，城墙内入口大门朝西。占地面积近1400平方米，内部分上、下两层，面积900多平方米，由苏州文旅集团承建。2013年开馆，分序厅、城纪千年、城门故事、城里城外、城头记忆、城墙复现6个展厅，展示苏州城墙的历史变迁和考古成果。

馆内有苏州市文物局、苏州博物馆和苏州市考古研究所提供的一批具有代表性的展品，特别是战国时期灰坑上叠压的夯土城墙标本，以及1980年挖掘相门水城门时发现的汉代水门门臼，都是罕见的藏品。序厅中展出苏州不同历史时期的19幅古城地图。

苏州苏扇博物馆

在卫道观前16号卫道观内。陈列由古到今的各类扇子图片说明，纨扇、鹅毛扇、竹折扇等众多扇子实物，以及各类扇骨、扇样。

南宋时期，苏州已能自制折扇，明代开始名扬全国，至清代臻于鼎盛，留下许多艺术精品。著名的有水磨竹折扇骨，市矾扇面，檀香扇的画花、拉花、烫花技艺，以及绢宫扇等。苏州扇厂、苏州檀香扇厂制作的苏扇誉传海内外。

2006年，苏州制扇技艺被列入第一批国家级非物质文化遗产名录。苏州香洲扇坊创始人张良发起成立苏州苏扇博物馆。2012年，经江苏省文物局正式批复，同意设立苏州苏扇博物馆，位于木渎严家花园旁。2016年，苏州苏扇博物馆迁至平江路卫道观。

苏州苏扇博物馆占地面积1000多平方米，由三进空间构成：第一进是苏扇文化简介；第二进以馆藏成扇实物展示为主，附东、西两个厢房，东厢房以檀香折扇、檀香宫扇为主，西厢房为扇艺工作室；第三进正堂作为临时展览的主要空间，用于展示当代名家书画扇面。馆内藏有张大千、溥心畬、钱松喦、吴作人、朱屺瞻、唐云、陆俨少等众多名家扇面；也有众多名家竹刻扇骨，如支慈庵、花剑南、薛佛影、谭维德等人的；还有众多分

苏州苏扇博物馆

支流派代表作品，以及扇坠、扇袋、扇箱等各类配饰和制扇工具。

2016年12月22日，苏州苏扇博物馆新址开馆，同时举办“顾曾平、吴湛园、顾逸、乔小龙、沈耕宇、夏回、沈劼、柳承宗八人扇面联展”。

平江路106-4号有苏州苏扇博物馆文创店，专营苏扇销售。

苏州城建博物馆

在卫道观前潘宅内，专业博物馆。室内布展面积约1000平方米，室外景观约600平方米，2022年5月18日开馆。博物馆依据潘宅布局与轴线，分三路三进共七厅，有城纪千载、现代苏城、城市生长、城市客厅、百馆之城5个展厅，序厅是从《平江图》衍化而来的标识墙。

城纪千载展厅展示春秋的阖闾城、三国时期的瑞光塔、唐代的宝带桥、北宋的文庙和元代的盘门5个微缩模型组合成的立体画卷和记载这些古建的《吴地记》《吴郡志》等5部地方志书。展厅中央有两块电子屏幕轮流播放宋元时期和明清时期苏州城场景的模拟视频。现代苏城展厅主要是图片和文献资料，回顾苏州近半个世纪的城市变迁和古城保护路线的确立。城市生长展厅有水晶沙盘模型，以时间轴串联起苏州不同时期的最高建筑等。城市客厅展厅的展墙上有一排黄色测量仪，透过黑色圆筒里的目镜，可以看到桥梁、道路、轨道交通等城市基础设施的照片。百馆之城展厅有一张动态的“苏州城建图”，布满三面墙，通过人机互动，供参观者“云游”苏州的百馆百园与名人故居。

另有会客厅、藏经阁等，藏经阁收集与苏州城建相关的线装古籍200余册。连廊和备弄等空间也被充分利用，连廊展示清朝及近代地契、租契、执业印照、建筑凭照等，备弄展示潘氏经营壮大、合建潘宅的故事。

苏州城建博物馆

学校书店

吴地教育传统久远，平江路区域宋代建长洲县学，文脉源远流长，时至今日，区域内有初级中学1所、小学2所、幼儿园2所，学风昌盛。昌盛的学风营造出浓厚的文化氛围，文学山房成为珍藏古旧书籍之处，苏派书房专备苏州作家著作，现代书店又营造了休闲环境，增添读书乐趣。

长洲县学

长洲县学建于宋咸淳元年（1265），地址在县治西侧广化寺内（今旧学前西端与因果巷相接处），即所谓“旧学”，初建时仅4所书斋。元大德六年（1302），迁至县署旧址，规模始臻完备。明嘉靖二十年（1541）迁至干将路文庙大成殿（在今苏州市平江实验学校内）。清雍正三年（1725）析治元和县，于同址分建元和县学，和长洲县学在一处，匾额称“长洲元和县学”。咸丰十年（1860），县学中建筑除大成殿外全部毁于战乱。同治六年（1867），怡园主人顾文彬出资主持修缮。顾文彬《重修长元学记》中记述：“凡殿堂门庑、祠宇斋舍、亭阁仓庾庖湢，悉还旧观。”“是役也，前后縻官钱三万七千有奇。”光绪七年（1881），大成殿不慎毁于火灾，现殿是光绪八年（1882）重建的。

县学建筑“左庙右学”，两路自成体系、功能不一，且四面环河，有多处绿地和小园林。县学原本西临第四直河，南对第二横河，后又在东南升龙桥旁开渠引第二横河水北行，折西与第四直河沟通，形成绕县学一周、状如玉带的环河，因名玉带河。明代画家文徵明、状元文震孟，清代状元陆元文（复姓徐）、韩菼、彭定求、陆肯堂、陈初哲、钱棨、吴廷琛、陆润庠及经学家惠栋，民国教育总长张一麐等人，都是长洲元和县学走出来的佼佼者。2015年《重修长元县学大成殿记》云：“明清两代，文运昌盛，鼎元蔚然，至于九名；钱棨三元及第，固为赫赫，他如榜眼、探花、大学士、尚书、侍郎等，不可缕数。清末废科举，章钰主持改办新式学堂，薪火传承，于斯为盛。”

苏州市第一初级中学

在南显子巷18号，为清代建筑安徽会馆原址。前身是创办于1948年的吴县县立补习学校，1949年5月后改称市立补习学校。1952年，移交给苏州市政府管理。1953年1月，正式命名为苏州市第一初级中学。1970年9月，改称苏州市第十五中学。2006年，学校与苏州市第三中学合并，改称苏州市第三中学初中部。2010年4月，恢复独立建制，恢复苏州市第一初级中学校名，成为市教育局直属公办初中。学校占地面积17520平方米，建筑面积7420平方米。校内有江苏省文物保护单位惠荫园。学校对面照墙上书四个一米见方大字“惠荫书苑”。从学校大门门厅进去便是一天井，左右有月洞门通行，月洞门两面都有砖额，如“泛舟”“学海”“博学”“笃行”等。前面第二进、第三进原是昭忠祠，现为学校图书室。向右进月洞门，是原程公祠部分，南面第一进

苏州市第一初级中学

原门厅现为校史陈列室，朝南沿街开一排窗；向北一厅室为第二进，墙内东壁间还嵌有当年建祠时的碑刻一方；第三进为阅览室，原东侧包公殿现已改建为一幢四层教学楼；第四进保存着原享堂大殿，高敞宏伟，内有粗大的楠木庭柱，上面雕梁画栋，都是清代始建时的原物。穿过程公祠向东，为原安徽会馆部分，第一进的门厅现为工会活动室，有“宾至如归”砖细门楼。（参阅：园林“惠荫园”条）

学校以“让每一个学生获得成功，让每一个家庭充满希望”为办学理念，以“浸润在五百年吴地文化的氛围里，小巷深处的名园名校”为文化定位，以“务本立信、崇德修学”为校风，以“惠泽学子、博洽多闻”为教风，以“修德睦友、明智健体、志存高远”为学风。现为江苏省平安学校、苏州市德育先进学校、苏州市艺术教育特色学校、苏州市教育信息化示范学校。

学校开设特色专题研究“基于惠荫园的科学探究课程”，利用惠荫园为学生探索自然、探究科学提供场所。编写完成《惠荫园中的科学》校本教材。成立青少年科学工作坊，聘请专家担任指导老师，开设“惠荫古建油漆开裂原因及保护”“设计简单电路使水假山亮起来”“惠荫园的植物普查、分类和标本制

苏州市第一初级中学对面的照墙

作”等一系列选修实验课。课堂教学寓教于乐，必修课、选修课、活动课融为一体，学生学得轻松、扎实，创新意识和动手能力相当突出。

2022年，有特级教师1名，名教师1名，大市学科带头人3名，市区学科带头人13名。

苏州市平江实验学校

在干将东路518号，是长洲县学所在地。学校于清光绪三十一年（1905）由吴县奏办，初名第五初等小学堂，堂址在原长洲、元和县学西廊（即现校址内），开办人为江苏巡抚端方，由清总理衙门法部主事章钰和知县张祖廉执掌堂政。民国时期几度更名，校址曾一度迁至新学前36号。1949年4月后改名平江中心国民学校。1951年更名平江中心小学。1958年改为平江区实验小学。1998年，学校和苏州第十一中学合并组建苏州市平江实验学校。2014年7月，中学部分离，仍保留苏州市平江实验学校的名称，为六年制小学。

学校占地面积33501平方米。截至2022年10月，学校有教学班59个，学生2598名，教职员工145名。其中，全国优秀教师1名，全国优秀辅导员2名，江苏省特

苏州市平江实验学校俯瞰

苏州市平江实验学校

级教师1名，江苏省正高级教师1名，江苏省人民教育家培养对象1名，苏州市名教师1名，苏州市青年拔尖人才4名，苏州市学科带头人和“双十佳”18名，姑苏区学科带头人和教学能手44名。

学校坚持走文化引领办学的发展之路，以“追求大成”为目标，以“德润文光”百年校训为核心理念。开展体验性学习与礼仪节庆有机融合的主题活动，有快乐“二艺”艺术嘉年华，每年6月1日举行，学生、教师、家长共同策划和参与；艺术汇报展演，6月中旬向社会公开呈现一台艺术教育成果专场汇报展演。经典“四礼”：每年4月27日苏州解放纪念日，举行一年级“大成·启德”入队礼；6月28日，举行六年级“大成·启航”毕业礼；9月28日孔子公祭日，举行一年级“大成·启蒙”入学礼；11月28日学校校庆日，举行三年级“大成·启智”成长礼。缤纷“六节”：每年4月“德润·崇德”阅读节，5月“德润·强身”体育节，6月“德润·尚美”艺术节，10月“德润·创意”科技节，11月“德润·善思”数学节，12月“德润·乐学”双语节。6个节覆盖11门基础学科，每个节历时一个月，学校、教师、学生、家长共同设计和全程参与。

学校先后获得全国新教育实验学校、全国中陶会先进学校、全国中小学中华优秀传统文化传承学校、全国青少年校园足球特色学校、江苏省实验小学、江苏省文明单位等国家级、省级综合荣誉百余项。

苏州市大儒实验小学校

在南石子街10号。学校创办于清光绪三十二年（1906），定名为元和县官立高等小学堂，堂址在盛家带，租赁民房作校舍。光绪三十四年（1908）迁入大儒巷昭庆禅院。后几度更名。1949年10月改称大儒中心国民学校。1951年2月改名为大儒中心小学校。1952年8月，由陶行知指导办学，名誉董事长宋庆龄，董事长冯玉祥、周至柔，校长施剑翘创办的私立从云小学并入。1956年秋，由董事长李根源、校长顾玉振创办的私立明德小学并入。1969年，协成厂办小学并入。1976年1月，建新民办小学并入。1981年9月，卫道小学并入。1988年9月，郁长巷小学并入。2004年，菉葭巷小学并入。2020年，城东中心小学并入。2022年6月，更名为苏州市大儒实验小学校。9月，新校区在平江新城建成启用。截至2022年10月，学校有班级5个，学生108名，教师20名。其中，高级教师2名，本科及以上学历教师19名，市学科带头人2名，区级教学骨干6名。

学校以“情系校园、爱满天下”为校风，践行陶行知先生的教育思想，倡导“儒雅、博纳”的校训，践行“让每一个生命都灿烂”的办学理念，促进学生全面发展、多元发展和自主发展，追求办一所文化底蕴和现代特色兼具的高品质学校。昆曲艺术是学校传承20多年的品牌特色，大儒“小昆班”颇具盛名，学校的行知艺术团多次在全国、省、市各级比赛中获奖。在昆曲专家顾笃璜指导下，学校编写校本教材——《昆缘》，建立校园昆曲博物馆。举办竹笛、舞龙、传统手工艺、非遗项目等社团活动。还从孔子提倡的“六艺”受到启发，创设了一套“开口儒拳”。

学校先后获评江苏省基础教育课程改革先进集体、江苏省“绿色学校”创建活动先进单位、江苏省健康单位等，并连续20多年被评为苏州市文明单位。

苏州市平江中心幼儿园

1982年4月由原平江区政府创办，为区妇联主管公办幼儿园，原名苏州市平江

苏州市大儒实验小学校内景

苏州市平江中心幼儿园

区中心幼儿园，原址在悬桥巷35号。1989年扩建，大门改在菉葭巷32号。2013年更为现名。2013年扩大规模后分布在菉葭巷32号、悬桥巷39号两处。2018年9月由姑苏区教体文旅委接管，是首批江苏省优质幼儿园之一。至2022年10月底，占地面积2350平方米，建筑面积3085平方米。有大、中、小3个年龄段11个班，367名幼儿。有教职工42名，其中，专任教师25名，40周岁以下青年教师23名。

2015年，幼儿园成功申报江苏省课程游戏化项目园，因毗邻平江路、观前街，开展了“平江娃看平江”“平江丝姑苏绸”“老苏州的味道”等富有园本特色的系列主题活动。多次获得江苏省、苏州市多项综合荣誉。

苏州市姑苏区大儒实验幼儿园

苏州市姑苏区大儒实验幼儿园开展活动

苏州市姑苏区大儒实验幼儿园

在南石子街10-1号。1966年前有8个班级，大、中、小班齐全。后停办10余年，1980年恢复招生。1990年新建三层楼园舍，每层都设活动室、午睡室、盥洗室。2001年开始新建两层楼园舍，新增4个班级配套设施及美术室、阅览室。2021年1月，调整为独立建制事业单位，更名为苏州市姑苏区大儒实验幼儿园。截至2022年10月底，全园共有教学班6个，在园幼儿177名，教职员工27名。其中，专任教师12名，100%大专及以上学历；市学科带头人1名，市优秀保育工作者1名，区学科带头人1名，区优秀教育工作者2名，区优秀班主任及区爱生模范6名。

幼儿园以“传统与现代结合，传承与发展相融”为教育理念。注重课程游戏化和传统文化，形成“自然、本真、尚美、仁爱”的园所文化。开展特色专题研究“传统浸润，文化养性”德育课程，结合元宵、清明、小满、端午、中秋、重阳、冬至、腊八等开展活动；创编《儒娃娃三字经》《传统·经典》等园本教材；开设“吴地文化”“苏州童谣”“传统绘本故事阅读”等一系列特色活动。2007年12月被评为江苏省优质幼儿园。

文学山房旧书店

文学山房旧书店

在钮家巷9号。书店主营古旧书籍售卖、收购、修补等业务。书店面积约20平方米，紧贴墙面摆放书架，书架上挤满各色旧书，书店中间摆放一张木桌，桌上摞满书籍。店主江澄波出生于1926年，16岁即随父从事古籍修补、收藏工作，对古籍修复颇有心得，对善本书也有较高的鉴定能力，其子女也都会修补古旧书籍。

书店始创于清光绪二十五年（1899），其时江杏溪（江澄波曾祖父）在护龙街（今人民路）嘉余坊口开设文学山房书店，贩售古籍。到民国，书店迎来鼎盛时期，古书盈架，文人学者络绎不绝，张元济、顾颉刚、章太炎、郑振铎等都是书店的常客。民国总统徐世昌因编撰《晚晴簃诗汇》，也委托江杏溪寻清代诗集，作为答谢，徐世昌为书店题写店招，匾额则出自翰林曹福元之手。1958年，书店并入苏州古旧书店，江澄波和父亲成为古旧书店的职工。2001年，江澄波在建新巷（今大郎桥巷）重开书店，因原店名被占用，名文育山房。后又搬至小太平巷，2006年，搬迁至钮家巷。2012年，恢复“文学山房”老店招牌。

苏派书房

在菉葭巷52号一楼。创于2014年8月。书房以苏州文化为经营特色，传播苏州文化，编辑苏州图书，讲述苏州故事，故名“苏派书房”。

苏派书房出版图书《苏州日历》，一年365天每天记述一个故事，从泰伯南奔至章太炎来苏，共7.2万字，245张图片，采用通俗易懂的方式介绍苏州简史。推出“苏州书单”陈列专柜，以苏州经典传世名著为主体，如《冯梦龙全集》《归有光全集》《金圣叹全集》《顾炎武全集》等

苏派书房

一批苏州文学大家作品全集，《长物志》《园冶》等园林名著，《浮生六记》《海上花列传》等传世名著，《清嘉录》《宋平江城坊考》等乡邦经典名著。

推出“苏州作家作品”专柜，如著名作家王稼句的作品专柜等。

苏州文旅会客厅·探花书房

在南石子街8号，潘祖荫故居内，面积约900平方米，分上、下两层。2020年对外营业。在潘祖荫故居风格基础上辅以新中式装修风格，包含图书营销、文创设计、茶饮服务、会务沙龙等业态。一楼是书店和茶吧，出售图书、文创产品和提供茶饮。在售书籍1万余册，主要为苏州元素书籍（苏州人写的书、国人写苏州的书），有《苏州园林写真集》《礼耕堂》《苏州风物》等。文创产品有自主设计的茶杯、香氛、明信片、冰箱贴、笔袋、帆布袋、铅笔、镜子、笔记本、檀香扇、卡通笔、便利贴、祈福牌、祈学牌、祈学锦囊等。二楼是会务空间，可容纳50人举办会议。

举办沙龙活动，“探花大家谈”是探花书房推出的具有原创性和持续性的知识社群活动项目。尝试开展更为多样的活动，包括经典电影分享、菖蒲特展、鸡尾酒品尝、干花花艺制作等群众艺术活动。

百花书局

在中张家巷14号，中国昆曲博物馆出口处。创立于1993年，原在公园路，后搬至此处。主要经营昆曲、评弹以及与苏州文化相关的书刊、原声带、激光唱片等。

书局名“百花”，有文艺作品“百家

苏州文旅会客厅

百花书局

争鸣，百花齐放”之意。书店面积50多平方米，布置延续昆曲博物馆老宅的风格，有雕花门窗、木柜木椅，还有延承至今的手账记录本。百花书局经常开展读书互动活动，寻求阅读推广的突破。“百花耕读会”邀请市民一起玩转“飞花令”；国际阅读日举办的“夜读会”通过讲解戏曲电影《游园惊梦》与深读戏文剧本的方式，与读者互动讨论，打开昆曲文化的窗口。

猫的天空之城概念书店

首家店在平江路184号，2009年开业。后在平江路25号又开设一处门店。俗称猫空。至今已在全国各大主要城市开设40多家门店。

猫空是将书店、咖啡馆、文创产品三者融合起来的体验空间，拥有众多设计专利。书店出售小众的书籍和杂志，也提供阅览服务；咖啡店有手工制作的奶茶、咖啡和甜点；文创产品店专门设计和纸相关的产品。顾客在这里还可以写张明信片将祝福寄给未来：只需将写好的明信片放在日期格子里，到指定日期，店里就会邮寄出去。

明信片主题店
postcard-store
阁楼书店
BOOK-Store
原创品牌小店
独立咖啡馆
MOMIcafé
最好喝的奶茶铺
艺术生活旅行绘本
世博电影推荐小店
恋物志合作创意店
拥有多项专利小店
猫的天空之城
momi cafe

市肆商家

平江路上商铺林立，周边的街巷也开设了许多商铺。这些商铺经营范围涵盖衣、食、住、行，服务游客，方便居民。最具特色的是苏州传统手工艺类店铺，缂丝、宋锦、苏绣等皆有展示。本章选择一部分展示苏州特色或在此处做出品牌的商铺按从南至北的方位顺序记述。

遇见平江路

据相关调研数据，2013年平江路有商铺79家。至2022年有216家商铺，两侧支巷中还有近百家大小店面，涵盖餐饮、住宿、非遗、工艺品、服饰、文创、书店、日杂等类。

蔡金兴砚雕工作室

蔡金兴砚雕工作室

在平江路8号，是江苏省非物质文化遗产藏书澄泥石刻项目代表性传承人蔡金兴的工作室。蔡金兴，出生于苏州吴县藏书（今属吴中区木渎镇）石雕世家，15岁进吴县藏书砚台厂工作，20世纪80年代起在苏州文物商店修补古砚台，他修补

荷言旗袍

过各地博物馆、文物商店，甚至故宫博物院的古砚台。2012年获评江苏省工艺美术大师。

工作室展示、销售蔡金兴创作的砚雕作品，在重大的节假日、文化日，蔡金兴会在工作室向游客展示其精湛的刀法和技艺。

荷言旗袍

在平江路思婆桥畔大郎桥巷67号。2013年5月，开设荷言旗袍文化会馆。会馆占地面积157平方米，传统苏式院落造型，中间有一方天井，有2棵桂花树。

会馆主营旗袍原创设计与高级定制，将绫、罗、绸、缎、缂丝、云锦等运用到旗袍的设计和制作中。2013年创立的品牌“荷言HEYEN”，多次走出国门，并被中央电视台等媒体报道。

馆内定期举办文化雅集，琴筝缭绕，笛箫不绝。央视纪录片《园林》《锦绣纪》等在此取景。

羿唐丝绸

创立于2005年，现平江路上设2家店

铺，分别为平江路10号、平江路242号创意设计体验中心。主营丝、羊绒等天然面料围巾的设计、研发、销售等。

店内所售产品皆为原创，将苏州古城元素融入，设计出“姑苏情话”“拙政园”“碧荷”“昆曲”等系列作品。“姑苏情话”系列丝巾被作为国礼赠送给出席第四次中国—中东欧国家领导人会晤的中东欧16国领导人。2015年应邀参加米兰世博会，代表中国丝绸、中国设计在国际舞台上展示。2016年被评为中国最具版权影响力企业，2017年获国际红点奖，2018年获IF品牌识别奖。

聚砂阁

在平江路19号，主营宜兴紫砂壶。门厅悬挂匾额“聚砂阁”，由中国工艺美术终身成就奖获得者徐汉棠题字，取汇聚各方茶友、团集众多名砂之意。2009年开业，前身为清代晚期的富康陶器商行。整体装修风格为原木色调，搭配粉墙、挂画装饰。陈设售卖的作品主要由店主徐格及其祖母冯希雅、父亲徐小平、母亲徐琴制作，除零售外，还提供定制服务。

羿唐丝绸

明堂青年旅舍

在平江路28—30号。2005年开设，由一栋明清时期建筑改造而成，获准加盟国际青年旅舍。旅舍分设住宿和餐饮部分。客房总计36间，同时可容纳84位客人住宿，分为有独立卫浴的标准大床房、标准双床房、两卧室家庭套房和六人床位房。前厅是明堂咖啡吧，引进杭州最早提倡自助服务和平价咖啡的咖啡西餐品牌，提供西式早餐、苏式早餐、简易西式午餐、中餐、咖啡、茶饮、酒水。

卢福英苏绣制作中心

在平江路34号。1997年创办，获江苏省著名商标、江苏省名牌产品、江苏省技能示范大师工作室等荣誉称号。2011年分设于此处。主要展出、销售卢福英及其学生作品，包括双面绣台屏、双面绣屏风、单面绣挂屏、苏绣文创产品（丝巾、钱包、书签、香包、挂件等）。

卢福英出生于中国刺绣艺术之乡苏州镇湖，是研究员级高级工艺美术师、江苏省工艺美术大师、江苏省乡土人才“三带”名人、江苏工匠、江苏省非物质文化遗产苏绣项目代表性传承人、姑苏宣传文化领军人才。她的作品《日本天皇全家福》被日本皇室收藏，《蒙娜丽莎》《歌星猫王》在美国波士顿艺术馆展出，《江南三月春意浓》在北京人民大会堂江苏厅陈列。2014年APEC会议上各国元首所穿的新中装上的海水江崖纹由卢福英及其绣娘团队绣制。

寒香会社

在平江路37号，占地面积300平方米，建筑面积195平方米，是姑苏区政府为残疾人搭建的创业平台，为全省首批残疾人文化创业基地之一。2008年，平江区政府在此设立创业孵化基地，为残疾人提供一个展现自我、融入社会的场所。后姑苏区残联对寒香会社进行规划整合，于2014年6月重新启用。2018年，寒香会社创新发展工作被评为江苏省残疾人创新工作项目；2019年，获苏州市残疾人工作创新成果奖。2020年7月，寒香会社改造升级，主营手语咖啡、评弹书场、文创

在寒香会社内举办的残疾人培训班

寒香会社

产品、手工艺现场表演等项目，并以网络短视频和直播等新媒体形式展现苏州残疾人风采。

桂雨秋来

在平江路47、244号，2014年创立。前身是连锁品牌兽兽冰淇淋。2015年，该店作品彩虹甜筒在上海国际手工冰激凌大师赛上获得创意奖。2017年，在上海国际连锁加盟展获“最受欢迎产品体验奖”“最受喜爱门店设计奖”“超新星潜力品牌奖”等奖项。随后开发出爆炸奶昔、冰激凌滋蛋仔、雪花酥冰激凌等产品。还开发制作出具有苏州特色的碧螺春冰淇淋、碧螺春厚乳等。

鱼食饭稻土灶馆

在平江路68—76号。2008年10月开始经营，以经营苏浙土菜为主。大儒巷、平江路交界处向东有一面白色影壁，上有“鱼食饭稻”黑色大字，门口霓虹灯为“土灶馆”字样。

店铺共两层，营业面积900平方米，可同时容纳260余人用餐，包厢设在二

鱼食饭稻土灶馆

楼，共有大小5个。2018年装修改造，二楼为花园式露台大包厢，一楼沿街仍为落地窗。饭馆很有特色，充满别致的江南情调，有大号鸟笼、蓑衣。座椅全是板凳，做菜使用老江南的灶膛。点餐区装饰得很有乡土气息，有大土灶、老式筛子，墙上挂着辣椒和咸肉，点餐习惯则跟苏浙一带的海鲜馆类似，例盘摆好了放在灶上，价格材料一目了然。土灶馆本着“土菜就是金贵”理念，采用生炒、清炖、家烧等技法，保证食材本味。厨师团队秉承食材“不时不食”的传统理念，开发出特色菜“姑苏四美”：姑苏湖美——清蒸大白鱼，姑苏山美——花雕蒸东山土鸡，姑苏地美——土姜辣爆牛蛙，姑苏景美——鸟巢酥方。

花无缺

在平江路103号，2014年8月创立。至今开设9家分店，分别位于无锡、周庄、扬州、芜湖、抚州、乌鲁木齐等。

主要经营创意干花，特色产品为干花首饰和摆件。利用传统干花插花工艺，通过搭配组合，将枯花萎果作为创作的主要原料，通过漂白、晾制、着色、拼接等，赋予枯枝落叶新的生命，使之变成天然成趣的服装、家居装饰品。

友苏美术馆

在平江路112号，2013年建馆，是由谢友苏创办的具有苏式市井文化特色的展示平台。谢友苏是中国美术家协会会员、法国东方艺术博物馆艺术顾问。

馆内主要展示谢友苏创作的以“姑苏风情、平江人家”为主题的市井风情画。画作及背后的暖心故事被《姑苏晚报》特辟《苏式生活》专栏刊载，每周一

友苏美术馆

画一文，连续一年有余；亦被《人民日报》《光明日报》《新华日报》《苏州日报》《扬子晚报》等媒体报道和刊载，且在法国、英国、美国等国家和中国香港、台湾、北京、上海、南京等地区展出。画作《平江岁月图》，耗时6年完成，描绘从民国至如今苏州市井的历史变迁。2019年热播电视剧《都挺好》片头主题曲插图即是谢友苏所作。

祯彩堂内缂丝制作场景

桃花源记

在平江路115号，2013年10月创立。现已开设分店22家。

店内装潢以“梦里闻香寻滋味”为创意，设置舒适雅致的店堂环境，采用竹子、石材、老木件、手绘桃花以及现代金属材料等，新旧结合。桃花源记平江路店是个沿街独栋平层老铺，设有大小10桌，厨房为明档式设计，食客可观赏各种美食的制作过程。在传承基础上创新推出江南经典美食和休闲小食，特色菜品有肉松酱骨头、八仙馄饨、弄堂下面、赤豆糊糖粥、老闾门秋油炒面、冰镇熟醉小龙虾、桃源熟醉蟹等。

祯彩堂

在平江路118号，靠近悬桥巷口。2001年，商铺初设于山塘街，2013年移至此处。祯彩堂一楼门店皆是落地窗，从店外就能看见橱窗内展出的古老缂丝织机及缂丝手工艺人现场制作场景。

祯彩堂创新缂丝制品，开发制作挂画、屏风、手提包、小饰品，与苏州博物馆合作开发文创产品等。其缂丝作品在国内外多地展览。

祯彩堂里间是疏影琴斋，2010年吴梅芳即在此教授古琴，现每月定期开展“夜听琴”古曲赏析活动，时有琴友慕名来访。

缘杨裁缝铺

在平江路122号。2008年5月，开设心缘民俗工作室，因“心缘”重名无法注册，注册“缘杨”。现店铺扩至200余平方米，以高级服装定制，利用特种面料如宋锦、罗锦、云锦等进行宋、明、清朝代的服装

缘杨裁缝铺

复原和丝织文创产品开发等为主营业务，保持前店后坊的经营模式。2018年6月，成立缘杨古法旗袍传习所，通过讲座教学、互动体验和互联网传播等方式发扬苏州旗袍手工古法技艺。自主设计国民校服，创立童装品牌YANGKIDS。

钱锦丝绸

平江路239号、大儒巷52号是钱锦丝绸的直营门店，公司总部在白塔东路创元科技园，在南石子街有一座宋锦非遗大师体验馆，在胡厢使巷孙家弄有一个非遗直播基地，经营面积超过2000平方米。聘请国家级非物质文化遗产项目宋锦织造技艺代表性传承人钱小萍为顾问，指导产品的研发、设计及监制。钱锦丝绸以设计、研发、生产、销售宋锦与漳缎为主业，经营项目有定制传统服饰、箱包、围巾、文创手工艺品等。曾与搜狐网旗下畅游公司、东吴证券、苏州博物馆等合作，提供宋锦衍生产品等服务。

附:

2022年平江路商家一览表

序号	商铺名称	门牌号	经营范围	从业人员
1	蔡金兴砚雕工作室	8号	工艺品	3
2	苏工苏绣	9号	工艺品	2
3	羿唐丝绸	10号	真丝	4
4	平桥流觞	17号	工艺品	2
5	聚砂阁	19号	茶具、工艺品	3
6	星巴克	20号	餐饮	5
7	染织刨铸捏	23号	服饰	3
8	行走	23号	工艺品	3
9	猫的天空之城概念书店	25号	餐饮、图书	10
10	明堂青年旅舍	28—30号	餐饮、住宿	10
11	聆韵社	31号	茶饮、评弹	5
12	绣娘丝绸	31号	工艺品、丝绸制品	3
13	叁月陶艺工作室	32号	工艺品	4
14	狐狸家	32号	奶酪、酸奶	1
15	卢福英苏绣制作中心	34号	刺绣、工艺品	2
16	蜜秘姑苏馆	35号	茶饮	2
17	摩登红人	35号	化妆品	2
18	老长沙豆腐	36号	小吃	1
19	灌汤豆腐	36号	小吃	1
20	寒香会社	37号	文创、咖啡、评弹	6
21	紫韵。旗阁	38号	服装	3
22	海棠糕·梅花糕	38号	小吃	1
23	顽植咖啡	39号	咖啡、植物	3
24	章鱼小丸子	40号	小吃	1
25	姓名缘	41号	工艺品、饰品	3
26	锅巴小土豆	42号	小吃	1
27	福露露	43号	小吃	1
28	街源烧饼	44号	小吃	1
29	春曲酒酿	44号	甜品	1
30	蜜雪冰城	45号	茶饮、甜品	1
31	姑苏特产·江南风味	45号	食品	3
32	脆皮五花肉	46号	小吃	1
33	山溼造物	47号	饰品	3
34	桂雨秋来	47号	茶饮、甜品	2
35	长沙豆腐	48号	小吃	2
36	平江酒馆	48号	酒饮	2
37	熝里熝气	49号	小吃	1
38	湘味斋·老长沙豆腐	49号	小吃	1
39	丹辰朱砂	53号	朱砂制品	1
40	大桔大利	55号	蜜饯	2
41	梅月轩	55号	梅花糕	2
42	禛丝祥	58号	服饰	2
43	百分茶	60号	茶饮	2

续表

序号	商铺名称	门牌号	经营范围	从业人员
44	倚风堂	66号	香氛	3
45	翰尔酒店	66号	餐饮、住宿	10
46	COCO奶茶	67号	茶饮	2
47	七分甜	68号	茶饮	2
48	鱼食饭稻土灶馆	68—76号	餐饮	15
49	洪登记	80、81号	餐饮	30
50	串门	82、83号	饰品、工艺品	2
51	著衣持珠	83号	服装	1
52	翰尔酒吧	87号	酒饮	16
53	风光酒铺	94号	酒饮	1
54	伏羲古琴文化会馆	97号	古琴、茶饮	5
55	天工坊	99号	工艺品、玉器	1
56	写字台	101号	工艺品、礼品、文具	1
57	华宝斋	102号	工艺品	2
58	花无缺	103号	干花、香薰	2
59	三万昌	104号	茶叶	3
60	乾生元	105号	食品	3
61	江南·米造局	106号	酒水	1
62	绣韵堂	106号	刺绣	1
63	苏州苏扇博物馆文创店	106-4号	苏扇	3
64	唐寅	107号	食品、酒饮	1
65	友苏美术馆	112号	画、文创	3
66	桃花源记	115号	餐饮	18
67	当代艺术之窗	116号	工艺品、礼品	4
68	景泰堂	116号	服装、鞋帽	1
69	灶源纪	117号	私房菜	6
70	祯彩堂	118号	工艺品	3
71	缘杨裁缝铺	122号	服装定制	3
72	茉香枕河	125号	茶饮	2
73	云家骄女	125号	服饰	2
74	风度	126号	扇子、工艺品	6
75	苏绮丝绸	132号	丝绸、礼品	2
76	清嘉弄	134号	文房四宝、古琴	2
77	若兰旗袍	136号	服装鞋帽	1
78	古德花园	136-2号	住宿、酒吧、茶饮	5
79	紫薇	137号	服饰	1
80	吉祥衣家	137号	服饰、丝绸	3
81	桃花坞旗袍定制	137号	服饰定制	2
82	桃花坞茶文化坊	137-1号	茶饮、评弹	5
83	苏适生活	139号	工艺品	3
84	COCO奶茶	148号	茶饮	4
85	太湖美	150号	珍珠、饰品	3
86	圣锦良衣	156号	服饰定制	3

续表

序号	商铺名称	门牌号	经营范围	从业人员
87	一杯茶	156号	工艺品、丝绸	2
88	三万昌	160号	茶叶	5
89	沈万三	163号	熟食	6
90	一玺	164-1号	首饰设计、制作、零售	2
91	遇见	165号	珠宝定制	2
92	绣娘丝绸	166号	丝绸	5
93	玩主	170号	服饰	2
94	海小姐的玫瑰饼	178号	茶饮	2
95	苏州印象	178号	工艺品	2
96	猫的天空之城概念书店	184号	餐饮、图书	8
97	儒依	187号	服饰	2
98	香遇	187号	香氛	3
99	大白兔	188号	糖果、食品	2
100	浮力树	188号	玩具	3
101	艺宿家·姑苏风情	189号	饰品、住宿	10
102	艺漫酒店	202号	住宿	10
103	益德成鼻烟	205号	鼻烟	2
104	今兮古兮	206号	服饰	2
105	茶千金	206号	茶饮	4
106	布兰兔的植物庄园	207号	工艺品	4
107	一尺花园	212号	咖啡、茶饮	3
108	茶色烟雨	216号	茶饮	3
109	时光密码	225号	工艺品	4
110	紫金万象	226号	楠木	3
111	和府捞面	228号	餐饮	7
112	囡囡记	234号	茶饮	3
113	猫·十二猫咖茶饮	234号	咖啡、茶饮、宠物	4
114	云罗生	235号	真丝、围巾	2
115	旺柴公社	236号	宠物	2
116	转角遇到猫	236号	宠物	2
117	清语堂	236号	评弹、茶饮	8
118	艾木潮玩社	236号	礼品、玩具	2
119	养心斋	238号	茶饮	6
120	钱锦丝绸	239号	服饰、纺织	3
121	品茗苑	240号	茶叶、茶具	3
122	平江酒馆	240号	酒饮	1
123	苏泓祥	241号	苏式糕点	6
124	羿唐丝绸	242号	丝制品	5
125	谢馥春	242号	化妆品	3
126	裘真.苏州站	243号	皮具、香包	2
127	相生	244号	服饰	2
128	桂雨秋来	244号	茶饮、甜品	3
129	平江园	244-1号	餐饮	10

续表

序号	商铺名称	门牌号	经营范围	从业人员
130	姜生	244-2号	服饰	2
131	初见平江	248号	文创产品	5
132	扇来善往	249号	苏扇	3
133	木桫	251-2号	工艺品、珠宝	3
134	东篱	253号	服饰	2
135	木樨堂	255号	工艺品	2
136	花容颜究院	255号	茶饮	4
137	狐狸家	256号	奶酪、酸奶	4
138	老顽童骨肉烧	270号	食品	3
139	平江食府	271号	餐饮	10
140	御颂旅拍	272号	汉服、摄影	2
141	吉丁猫咖	272号	宠物、茶饮	3
142	香遇沙龙香水	272号	香氛	2
143	铁板大鱿鱼	275号	小吃	1
144	韩国大头贴	275号	摄影	1
145	苏州桂花糕	275号	小吃	1
146	半盏时光	275-1号	茶具	2
147	苏绣工艺	276号	丝绸、苏绣	2
148	若兰旗袍	278号	服饰	2
149	水乡丝巾	279号	丝绸	3
150	梳艺坊	279号	牛角梳	2
151	大桔大利	279号	蜜饯	1
152	鲜花小店	280号	鲜花	1
153	黄氏采耳	280号	服务	1
154	果加	280-1号	服饰	1
155	百年福桂花糕	281号	桂花糕	1
156	姑苏饰界	281号	饰品、鞋包	1
157	欧寻中古	282号	古董、首饰	1
158	叙旧	283号	服饰	2
159	东吴苏锦记绿豆汤	285号	茶饮	5
160	平江戏曲造型体验馆	286号	服饰	1
161	醉想倷米酿局	286-1号	酒饮	1
162	爱雅珍珠坊	286-2号	珍珠	2
163	百家姓·礼仓	286-3号	礼品、玩具	1
164	手工大师	288号	手工饰品	2
165	南国旧梦	290号	服饰	2
166	酒隐	291号	茶饮	2
167	澳门爆汁脆骨烧	293号	小吃	1
168	遇见·杂吃铺	293号	小吃	1
169	正宗长沙杂货铺	293号	小吃	1
170	苏式糕点	294号	小吃	1
171	小城故事	295号	服饰	1
172	丹华韵	296号	传统印染、服饰	2

续表

序号	商铺名称	门牌号	经营范围	从业人员
173	皂姑娘	297号	手工皂	1
174	苏州印象	300号	服饰、丝绸	2
175	顾剑民茶庄	301号	茶饮、评弹	4
176	雀食堂	301号	餐饮	2
177	鹤园茶楼	302号	餐饮	6
178	茶色烟雨	304号	茶饮、甜品	3
179	苏贵人	305号	服饰	2
180	兰亭绣	306号	服饰、礼品、丝巾	2
181	小酒馆	306号	酒	1
182	东吴张记	306号	零食	2
183	聚新春面馆	306号	餐饮	4
184	漫心酒店	306号	住宿	6
185	松鹤楼	306号	餐饮	20
186	禛丝祥	306号	真丝、服饰	2
187	知弦社茶馆	306号	茶饮、评弹	12
188	平江往事	306号	服饰、鞋帽、饰品	2
189	百味楼	306号	餐饮、食品	2
190	霓珑阁	308号	丝绸服装、箱包	1
191	苏式桂花糕	308号	小吃	1
192	本来茶空间	310号	茶饮	3
193	稼墨园书法培训室	310号	教育培训	1
194	牧锦记汉服体验	310号	服装、鞋帽、饰品	2
195	蚕丝被	311号	蚕丝被、汉服	3
196	千度银	312-2号	工艺礼品	1
197	苏工雅集	312-3号	首饰、工艺品	1
198	春田	313号	茶饮	2
199	清心茗韵	313号	茶业、餐饮	2
200	唐韵坊	313号	丝绸、纺织品、日用百货	1
201	壶艺斋	313-1号	石雕、核雕	1
202	才子街艺术馆	315号	工艺品、字画	2
203	一省堂	316号	旧书、工艺品	1
204	书签小屋	317号	工艺品	1
205	爆笑似颜绘	317-1号	绘画	1
206	傅记	317-1号	餐饮、食品	2
207	缘木轩手工梳子坊	318号	工艺品、饰品	1
208	玺莲	319号	服饰、鞋帽、饰品	1
209	气泡米酿	320号	酒饮	2
210	傅长文小吃店	320-2号	餐饮	1
211	拾香	439号	服饰	2
212	福联升	440号	布鞋	2
213	空·舍	441号	茶具、艺术品	1
214	帽美如花	445号	帽子、饰品	2
215	祥云丝绸馆	445号	服装	2
216	香山堂私人订制	446、447号	珠宝	2

簾外禽言莫負

人物传记

平江路区域地灵人杰，历史上人文荟萃，各行各业人才辈出。他们之中，有南宋名将周虎，有明朝状元宰相申时行，有清朝官至宰辅的潘世恩、潘祖荫祖孙，还有藏书家黄丕烈、弹词名家马如飞、黄河治理专家潘镒芬、历史学家顾颉刚、教育家叶圣陶等。他们的事迹载入史册，他们的故事流传在街头巷尾，他们让这里的粉墙黛瓦、小桥流水有了文心。

周虎（1161—1229）

字叔子。宋泗州临淮人。居肖家巷。周虎从小孝顺双亲，少年时即养成了言不妄发、行不妄动的好习惯。能诗文，善写大字，并习武艺，用心研读兵法，兼通文武。南宋庆元二年（1196）为武状元，步入仕途。曾充金国贺生辰接伴副使，知光州和楚州，后任和州知州。

和州位于长江北岸，系南宋北大门之一。宋宁宗开禧二年（1206），金章宗征集十余万人马，分兵九路攻宋；十二月，仆散揆率军攻打和州，企图以此为突破口进兵江南。周虎临危不惧，召集和州文武官员对天盟誓，誓与和州城共存亡。一个月作战30余次，射杀金兵右帅石圪并将领十数，以少胜多，金兵受重创败退，江淮一带得以安定。

周虎曾一度被诬为权党，贬谪安徽徽州，后官复原职。不久母亲病逝，丁忧归苏，不再为官。绍定二年（1229），周虎去世，获赠谥号“忠惠”。

周虎事迹今陈列在常熟名人馆中，墓在虞山西麓山居湾，又被称为周坟湾。冯《志》称赞他：“有大将器，功在江淮，忠节罕比，而文词赡敏，尤善大字，名重一时。”

惟则（1286—1354）

僧人，字天如，俗姓谭，名吉之。江西永新（今江西吉安）人，得法于明本。善文字。元至正二年（1342），从浙江到苏，其弟子“相率出资，买地结屋，以居其师”，购苏城东北隅废圃，供其起居，名师子林，后成苏州名园。

惟则是元末著名临济宗禅师中峰普应国师入室弟子，幼年剃度，受戒后即游方参学，曾至浙江省天目山参学。后成为临济宗虎丘派之传人。

惟则住苏州狮子林正宗禅寺，展布讲席。至正十四年（1354），惟则圆寂，号“佛心普济文慧大辩禅师”。有《师子林天如和尚语录》《楞严经会解》《净土或问》《师子林别录》等。

王敬臣（1513—1595）

字以道，号少湖。长洲人，沧浪亭五百名贤之一。宅在大儒巷仁孝里。其父王庭，世称阳湖先生，明嘉靖二年（1523）进士，后任江西参议。王敬臣19岁为诸生。嘉靖九年（1530），受业于魏校，受老师“议论不如著述，著述不如躬行”影响，学习以“慎独”为先，以“圣贤无独成之学”为宗旨。嘉靖四十三年（1564）贡生。明万历中，因廷臣推荐，征为国子博士，他推辞不受。诏以所授官致仕。万历二十一年（1593），巡按御史甘士价再推荐他到吏部，因其年事已高，请有司时加优礼，得到朝廷诏许，在家开馆讲学，诱掖子弟以游，学生四百余人，乡人尊其为少湖先生，门人私谥“仁孝先生”。明万历年间，苏州知府朱文科为其立仁孝坊。著有《礼文疏节》《家礼节》等，均已散失。仅存《俟后编》6卷。《明史》有传。

申时行（1535—1614）

字汝默，号瑶泉，晚号休休居士。长洲人。申时行因祖父将其过继给徐姓舅家而姓徐。家住混堂巷，从小到附近卫道观勤奋苦读。明嘉靖四十一年（1562）考中状元，奏请皇上复姓归宗，获准，改姓申。授翰林院修撰。进左庶子，掌翰林院事，以文字受知于张居正。万历五年（1577）以礼部右侍郎改吏部右侍郎。翌年，以吏部左侍郎兼东阁大学士。后进礼部尚书兼文渊阁大学士、太子少傅兼太子太傅、吏部尚书、建极殿大学士。继张居正、张四维后，成为朝廷首辅。其文藻婉丽，朝中无人能及。申氏为人温顺，素以和事佬著称，政务宽大。为相9年，文恬武熙，海内清宴，故人称“太平宰相”。后退居家乡20余年，多建家庵，以香火钱办义庄。卒后加少师兼太子太师、中极殿大学士，诏赠太师，谥“文定”。著有《赐闲堂集》《书经讲义会编》《纶扉简牍》等。

墓在苏州上方山，占地面积200亩。除墓冢外，还有墓道门、照池、享堂等建筑，以及石人石马等雕刻、皇帝谕祭碑文等碑刻。

韩馨（1621—清初）

字幼明，长洲人。沧浪亭五百名贤之一。居南显子巷洽隐园。韩氏家族早期居陆墓（今陆慕）镇。韩馨8岁能作擘窠大字，书阳山“长云峰”、虎阜“五人墓”碑碣。年13，游郡庠，入南雍，司成汪某评其文曰：“文兼韩柳，书擅羲献。”阉党阮大铖居金陵，慕其名，以金帛招致，拒不受。党人狱起，馨名在复社，几陷不测。少从刘曙学，曙殉难，经纪其丧，葬虎阜。自是绝意进取，带全家避居乡间徐庄。清顺治六年（1649），买下南显子巷明归湛初一处废园，修葺后取名“洽隐园”。与郑敷教、金俊明诸遗老结社广生禅院，往来觞咏。自号少微真人。卒谥“贞文”。著有《绀雪堂稿》《洽隐园遗墨》传世。

沈朝初（1649—1702）

字洪生，号东田，长洲人。居白塔东路止园，其父为园主沈世奕，清顺治十二年（1655）进士。沈世奕子沈旭初、沈朝初及孙沈曾纯，均为康熙年间进士，科第之盛，名闻吴中。

沈朝初，康熙十八年（1679）进士，改

庶吉士，授翰林院编修，迁司经局洗马。三十三年（1694）以左赞善入直应制，官至左庶子兼侍读学士。丁忧归。以衰毁卒。室名香林堂。工行书，善诗，能撰联，小令、慢词颇佳，著有《不遮山阁稿》《不遮山阁诗钞》，词集有《不遮山阁诗余》2卷，其中《忆江南》词30余首都描写吴中风情、山川名胜、地方特产，为王士禛、朱彝尊所推许。

陈初哲（1737—1787）

字在初，号永斋。元和人，家住匠门（今相门）内狮子口。出身于书香门第，祖父陈震是著名学者何义门（何焯）的入室弟子，父陈树勋博通古今。

陈初哲从小聪慧，学习刻苦，清乾隆二十五年（1760）中举，三十四年（1769）中状元，后充武英殿协修，习国书，通音义，散馆第一。四十年（1775）充乙未科会试同考官。四十二年（1777）充陕西乡试主考官。四十三年（1778）充戊戌科会试同考官。他为官公正清廉，因分校礼闱，京察一等，授官湖北荆宜施道。是年，长江遇罕见大水，陈初哲率领与指挥荆宜官吏、百姓抗洪，连续奋战，使百姓免遭损失，并将自己的全部俸禄捐给灾民。不久兼任荆关监督。

陈初哲墓在苏城西南石湖边的吴山岭上金湾，著名学者钱大昕撰写墓志铭。

黄丕烈（1763—1825）

字绍武，又字绍甫，号荛圃，晚号复翁，自称“悬桥小隐”。吴县人。25岁中举，后屡试不第，遂绝意科场，悉心于藏书、校书、刻书之业，直至终老。悬桥巷有其“百宋一廛”藏书楼。

生平无他嗜好，独于书痴迷成癖，遇宋刻必不惜钱财购入。家产较雄厚，一生收藏了200多部宋版书和上千种元、明刻本以及大量的旧抄本、旧校本，且多善本，至清嘉庆年间成为东南藏书家之大宗。嘉庆七年（1802），黄丕烈收藏宋版书有100多部，于是建“百宋一廛”专门贮藏宋版书，顾广圻为之作《百宋一廛赋》。黄丕烈作《百宋一廛赋注》，记述所藏宋椠的源流、特征。

黄丕烈还不惜花重金对破损的古籍重加装裱，对残缺的古籍想方设法补抄全，精心影刻了不少重要和罕见的古籍。他用传统的校勘方法重新刊刻、流通，保留了宋、元版本的面貌。黄丕烈自编《百宋一廛书录》《求古居宋本书目》等多种书目，发展了目录学中版本目录学一派。黄丕烈长于鉴别，勤于校勘，每遇一书，丹黄雠校，笔耕不辍，所撰题跋、札记今存800多篇，是后人了解古书的刊刻源流、版本异同、授受经过以及藏书掌故的重要文献。

道光初年，黄丕烈参与《苏州府

志》的修纂，分纂人物志部分。道光四年（1824）黄丕烈曾在玄妙观前开设滂喜园书铺，一时多有以书籍来售者，促进了善本书的流传。《清稗类钞》称："南北收藏家，其于古书面目、版本、源流深知笃嗜者，颇不乏人，要必以黄荛圃为巨擘焉。"

潘世恩（1770—1854）

初名世辅，小字麟，字槐堂，号芝轩，别署思补老人。吴县人，潘奕基次子。家居钮家巷，16岁参加童子试，补诸生，就读于紫阳书院。清乾隆五十七年（1792）中举。次年状元及第，授翰林院修撰，历任翰林院侍讲学士、侍读学士，礼部右侍郎，工部、户部、吏部尚书，体仁阁大学士，军机大臣。道光十五年（1835），任翰林院掌院学士，改东阁大学士。十八年（1838）晋武英殿大学士。道光皇帝两度离京拜谒东陵，均令潘世恩在京代朝。赠太子太保、太傅衔。三十年（1850），朝廷准他以大学士衔领全俸告老还乡。卒谥"文恭"。

潘世恩仕途50余年，历乾隆、嘉庆、道光、咸丰四朝，冯桂芬称他为"四朝元老"。为官期间，他于嘉庆三年（1798）视学云南，曾革新生红案银。九年（1804）、十五年（1810）先后提督浙江学政、江西学政。在浙江考察吏治、民风、洋匪，密奏朝廷；到江西杜绝替考恶弊，查办会党。道光二十四年（1844）他处理漕运积弊，与户部尚书等联名上疏开垦甘肃、新疆等。鸦片战争期间，支持两广总督林则徐处理"洋务"。道光皇帝赞评他"克勤克敬，不愧赞襄""精勤襄赞，一心一德"。咸丰皇帝即位后诏举人才，潘世恩首荐林则徐、冯桂芬等。潘世恩一生受到的赏赐甚多，他家中原有两块衔牌，一是"祖孙父子叔侄兄弟进士"，二是"南书房行走紫禁城骑马"。

潘世恩遍读群书，学识渊博。嘉庆时，曾参与《四库全书》编纂和缮办，曾继任《四库全书》总裁、文颖馆总裁，负责《全唐文》的缮刊。辑有《正学编》，著有《熙朝宰辅录》《思补斋笔记》《思补斋诗集》等。上海图书馆藏有《潘文恭公自订年谱》稿本1卷、《亦吾庐随笔》不分卷稿本，苏州博物馆藏有《潘世恩日记》稿本、《思补斋文钞》1卷、《诗稿》1卷、《附杂录》1卷、《有真意斋诗集》不分卷稿本。

韩崇（1783—1860）

字符芝，号履卿，别称南阳学子，元和人。居仁孝里，宅中有宝铁斋、宝鼎山房。韩崇官至山东雒口批验所大使。乞终养归，事母以孝闻。韩崇在苏与地方士绅冯桂芬、潘曾玮等人协助官府办理团练，以抵抗太平军，又开展劝捐，开设协济局等，后因功加盐运使衔，加花翎。韩崇性嗜金石，耽吟咏，工书。辑有《江左石刻文编》《江右石刻文编》《三节合编》，著有《宝铁斋金石文跋尾》《录德录》《宝铁斋诗录》等。

顾震涛（1790—？）

一名瀚，字景澜、默庵，号小野、非之、墨安。长洲人，居仁孝里（今迎晓里）。自述“由来失学，读书习艺”，未参加科举考试，没有功名。“性狷介，素谦和，洁修内行，以礼自持，历境坎坷，未尝形色。”幼专谱学，尤好吟咏，吴中山林古迹题咏殆遍。勤于著述，曾采辑修纂族谱、支谱。尤致力于辑录苏州史事资料，著《吴门表隐》20卷，另有《燃松堂文集》《小辟疆园诗稿》《吴郡忠孝汇录》等。卒年不详，道光间尚在。

吴锺骏（1799—1853）

字吹声，号崧甫。故居在潘儒巷79-1号。父亲吴颐为嘉庆六年（1801）辛酉科进士，官至户曹、军机处行走；族叔吴廷琛为嘉庆七年（1802）壬戌科状元。吴锺骏生性聪颖，智能超常，博闻强记。13岁，已遍读十三经、《国语》《国策》《史记》《汉书》《楚辞》《文选》，“背诵不遗一字”，以“少年才子”闻名吴中。道光二年（1822）考取壬午科江南乡试举人。十二年（1832）壬辰科状元，授翰林院修撰。历任礼部右侍郎、左侍郎，总督仓场侍郎，钱德堂及三库事务。

吴锺骏熟谙经济，精于理财，又敢于直谏，对市场价值见解独到，认为“米贵银贱则病国，银贵米贱则痛民”。他上疏奏陈，“慎择州县吏，以肃吏治”，并指出当时政弊，得到了皇帝的嘉纳。为官期间，他曾两典乡试，十督学政，为朝廷选拔了许多人才，其中益阳胡林翼为佼佼者。咸丰三年（1853）秋，吴锺骏病逝于福建学政任上，归葬于吴县横泾尧峰山西麓的画船浜。

王师晋（1804—1880）

字以庄，号敬斋。祖籍浙江秀水县新塍镇，其曾祖通奉大夫允震，始迁至苏州吴江县盛泽镇。清咸丰十年（1860）后，因家庭遭遇变故，他又携侄辈迁到苏州城内，购宅定居钮家巷。

迁居苏城后，以经商为业。曾作《资敬堂家训》，后由其曾孙王大隆辑录而成。上卷是王敬斋写给王伟桢的书信，包含着训谕其为人、齐家、为学之道等内容；下卷摘录王敬斋日记中的话语，包括持家之道、保家之法、立身之礼以及训育之式等内容。《资敬堂家训》以其独具一格的训导方式在清代家训中占据重要地位。收录在《丛书集成续编》中。

卒后由礼部左侍郎上书房行走实录馆副总裁、姻亲殷兆镛撰墓志铭，前称“皇清貤封资政大夫候选光禄寺署正王君敬斋”。墓在九曲港横塘之西。

子王伟桢为钦赐举人、内阁中书。

冯桂芬（1809—1874）

字林一，号景亭，邓尉山人。清代后期思想家、文学家，吴县人。曾居住于新桥巷（今大新桥巷、小新桥巷），故他在为娄门新桥巷所建六烈祠记文中说：“余旧居新桥巷……”

冯桂芬自幼聪明好学，未达时，即以学识渊博名满江南，曾师从林则徐，并助其校书。后相继入陶澍、裕谦幕。道光十二年（1832）中举。二十年（1840）中一甲第二名进士，即榜眼及第，授翰林院编修。二十三年（1843），充顺天乡试同考官。二十四年（1844），任广西乡试正考官。咸丰三年（1853），在苏州办团练，助清军攻陷小刀会占领的上海附近各城，赏五品顶戴。六年（1856）升右中允。同治元年（1862），参加由苏浙官绅与英、法、美等国领事组成的会防局，主张借用外国侵略军收复宁、苏地区。曾上书曾国藩乞师，促使曾派李鸿章至上海与太平军对垒。入李鸿章幕府，为其出谋划策。六年（1867）因办团练赏加四品衔，九年（1870）晋三品衔。

冯桂芬为中国资产阶级改良派先驱，曾多次建议改革时政。重视经世致用之学，主张“采西学”“制洋器”“以中国之伦常名教为原本，辅以诸国富强之术”。在上海设广方言馆，培养西学人才；先后主讲于金陵、上海、苏州诸书院。其思想理论对洋务派有很大影响。

晚年移居苏州城西木渎镇，纂修《苏州府志》。墓在吴中区木渎镇天池山北竹坞鸡窠岭，为苏州市文物保护单位。光绪二年（1876）奉旨入乡贤祠，专祠在苏州城区史家巷。著有《校邠庐抗议》《显志堂稿》《说文解字段注考正》等。

马如飞（1817—1879）

原名时霏，字吉卿。祖籍江苏丹阳，生于苏州，后住桐芳巷内，为清弹词名家。活跃于清咸丰、同治年间，系当时评弹“四大名家”之一。父马春帆，弹词演员，尤以《珍珠塔》闻名。马如飞年轻时做过书吏，父死后从表兄桂秋荣习《珍珠塔》。三年后，在苏州与桂秋荣敌档，竟艺胜一筹，从此成名。他修改《珍珠塔》脚本，使之结构严谨，唱词工整，被誉为“小书之王”。根据读书吟诵声调，吸收民歌音乐，创造出节奏明快、朴实流畅的唱调，世称“马调”。同治四年（1865），主持重整光裕公所，并被推举为该公所司年，所拟写《道训》，也为该公所成员所遵奉。另著有《南词必览》等。编创弹词开篇数以百计，部分编为《南词小引初集》。

沈秉成（1823—1895）

原名秉辉，字仲复，一字玉材，号听蕉、耦园主人等。归安（今浙江湖州）人。清咸丰六年（1856）进士，改庶吉士，授编修。同治元年（1862）迁侍讲，充日讲起居注官、武英殿总纂。二年（1863）转侍读，出任云南迤东道。八年（1869）任江苏常镇通海道。十一年（1872）改苏松太道。十三年（1874）迁河南按察使。光绪元年（1875）改任四川，因病未赴任，以病侨寓苏州调理，购娄门涉园，葺新更名耦园。八年（1882）应诏复出，历任顺天府尹，兼总理衙门大臣，曾与英公使议约，进内阁学士兼礼部侍郎衔，署刑部右侍郎。十三年（1887）出任广西巡抚，推广植桑养蚕。十五年（1889）调任安徽巡抚，次年署两江总督，捐助直赈，创办江南水师学堂、经古书院等。十七年（1891）因病开缺，后卒于耦园。沈秉成导民蚕桑，教民种植，重视地方经济的发展。曾吁请减轻宁绍地区过于沉重的钱粮负担，使当地百姓得到一定实惠。署两江总督之后，为整顿军营，修筑城垣，添置军械等事，不遗余力。

沈秉成嗜书好学，博古通今。工楷书，善诗文，富藏书，喜金石、书画，精于鉴藏。辑有《鲽砚庐金石款识》《鲽砚庐所见书画录》等，著有《蚕桑辑要》。

沈秉成因病侨寓苏州期间，他的继室夫人严永华随居耦园。严永华（1836—1891），字少蓝，号不栉书生，浙江桐乡人。自小深得家庭熏陶，幼时即能吟诗咏词，及长成，工丹青，擅诗词，人品兼美。同治六年（1867），与沈秉成结为夫妇。后来沈复出为官，严永华随夫四出，饱览山川名胜，广交墨客文人，镇江焦山的吸江楼、桂林漓江的叠彩山等都留下了她的诗稿或摩崖石刻，作品有《藏冰》《烹雪》等。光绪十七年（1891），严永华卒于安庆节署。著有《纫兰室诗钞》《鲽砚庐诗钞》，还和沈秉成合著《鲽砚庐联吟集》。

潘祖荫（1830—1890）

字伯寅，号郑庵，小字凤笙。家居南石子街。潘世恩孙。潘祖荫自小聪颖机灵，21岁考取国子监学正学录。清咸丰二年（1852）壬子科会试第九名，殿试一甲第三名进士及第，授翰林院编修。累迁侍读学士、大理寺少卿。同治时，历任光禄寺卿、都察院左副都御史、工部右侍郎、南书房行走。光绪元年（1875）授大理寺卿。后补礼部右侍郎，晋任刑部、工部尚书，官至军机大臣。赏太子太保衔。

潘祖荫“学文渊通，才猷练达”，一生担任各类阅卷官、考官将近50次，挑选提拔人才，其中不乏“魁奇沈博之士”。曾主持纂修过《治平宝鉴》《艺文备览》《穆宗毅皇帝实录圣训》等书。

潘祖荫秉性爽直，敢言敢为，不顾忌讳，不计个人安危得失。曾提出“勤圣学”“整军务”“裕仓储”“通钱法”等一系列救时治国策略。光绪七年（1881）中俄《伊犁条约》签订，条陈善后“练兵、简器、开矿、造船、筹饷”等五策。十五、十六年（1889、1890），浙江顺天水灾，疏请设粥厂赈灾救民。为救灾事积劳成疾，竟一病不起，卒于任上。晋赠太子太傅，谥“文勤”。

潘祖荫政务之余酷爱金石图书的收藏和研究，辑有《攀古楼金石款识》《攀古楼彝器款识》。所藏金石图书，闻名吴下。藏书室名为滂喜斋、攀古楼、金石录十卷人家等。著有《滂喜斋读书记》《滂喜斋宋元本书目》，刊有《滂喜斋丛书》《功顺堂丛书》。

洪钧（1839—1893）

字陶士，号文卿。原籍安徽歙县。先世经商至苏定居。洪钧18岁考中生员，补博士弟子员。清同治三年（1864），考中甲子科江南乡试举人。七年（1868），中戊辰科殿试一甲第一名进士。未散馆即视学湖北，授翰林院修撰。九年（1870）出督湖北学政，后参与编修咸丰朝《实录》，赐花翎四品衔。曾任顺天府乡试同考官，历典陕西、山东乡试，提督江西学政。历任右春坊、右庶子、左庶子和翰林院侍讲学士、侍读学士。光绪九年（1883），迁升詹事府詹事、内阁学士，兼礼部侍郎。十年（1884），母亲去世，丁忧守孝。十三年（1887）出使俄、德、奥、荷四国。十七年（1891）返，擢任兵部左侍郎兼总理各国事务衙门大臣（行走）。洪钧担任驻外使臣期间，充分利用外国著作，靠译员的帮助，补证中国史实。经数年努力，编撰成《元史译文证补》30卷，成为中国史学界利用西方资料研究中国历史的开端。洪钧还创造性地改革了中国的电报字码，使之与国外大致统一，为国家节省了巨额通信费用。

洪钧出使欧洲前夕纳傅彩云为妾。傅彩云本姓赵，原籍安徽休宁，生于苏州。光绪十二年（1886）鬻为稚妓，榜名富（傅）彩云。十三年（1887）成为洪钧妾室，后随其出使欧洲，以外交官家属身份出入各国社交场合。十九年（1893）洪钧病逝后至上海重操旧业，取名曹梦兰。二十四年（1898）至天津，组金花班，改名赛金花，翌年迁北京。晚年生活潦倒。1936年病逝于北京。

艾步蟾（1854—1933）

吴中专治伤寒的名医，故居在肖家巷15号。从李璞仁学医，尽得师传。清光绪六年（1880），在肖家巷开业行医，室名贻德堂，以善治伤寒名噪苏城。1921年当选吴县医学会副会长。1927年当选苏州中医协会执行委员。一生行医50余年，入门弟子甚多，汪逢春学成后去北京开业，成为京城四大名医之一。

蒋炳章（1864—1930）

字季和，别号留庵。吴县人，故居在仓街156号，后归菉葭巷寓所。先世为苏州望族。幼承家学，聪颖有志，强记博闻，博览经史子集。清光绪七年（1881）入府庠，补博士弟子员。十九年（1893）中举人。二十四年（1898）成进士，入翰林院，授庶吉士。二十五年至二十七年（1899—1901）曾为松江府、苏州府知府和荆宜施道幕僚。三十三年（1907）授翰林院编修。宣统元年（1909）晋授四品京堂。

他一生淡于仕进，虽被授编修、京堂而不就职，始终以兴学育才为己任。光绪二十七年（1901）主讲荆宜书院，二十九年（1903）掌教安徽高等学堂，三十一年（1905）在苏州任江苏游学预备科监督。宣统元年（1909）为江苏省教育会副会长，翌年任江南高等学堂监督。辛亥革命后，历任江苏省教育会驻会总干事、学校教育部干事。时新学正兴，其培植人才遍布苏皖两省及大江南北，多为政界、学界知名人士。其生平藏书及著述丰富。

蒋炳章还热心地方事业，曾任江苏谘议局副议长、南洋劝业协赞会协理、江苏省议会副会长、吴县修志局总纂、苏州市公所董事和总董、苏州市公益事务所总董、苏州工巡捐局董事长。任江苏谘议局副议长期间，创议减轻江苏省赋额，以苏民困。任苏州市公益事务所总董期间，力主收回电灯公司主权，创苏州电气厂，建筑南新桥，开辟金、平两城门，并于大公园创设东斋茶室。1924年江浙军阀战争中，以60岁之躯，奔走东郊与军队商谈，以免战祸蔓延苏城。著有《留庵诗文集》等。

张一麐（1867—1943）

字仲仁，号公绂、民佣，别署大圜居士、红梅阁主，吴县人。生于仓街虹桥北（今仓街61号），系书香门第，为北宋关中学派张载后裔。父张是彝（1834—1889）为清同治十二年（1873）举人、光绪六年（1880）进士。

张一麐少年时即有神童之誉，又刻苦好学，为光绪十一年（1885）举人。二十四年（1898），康有为、梁启超提倡维新变法，张一麐与章钰、孔昭晋等人在苏发起成立苏学会。二十九年（1903）考取经济特科榜一等第二名，后任袁世凯幕僚，兼任北洋《法政学报》主笔。辛亥革命苏州光复后，出任苏军都督府民政司长。民国初年，复入袁幕，任总统府秘书。1914年任政事堂机要局局长。时袁世凯准备复辟帝制，张一麐直言劝谏而未被采纳。1915年调任教育总长，任职期间推广注音字母，注重书写文字改革。1916年因不满袁称帝而辞职南归。1917年任冯国璋总统府秘书长。1919年南北议和时，被推为和平期成会副会长。1921年当选为江苏省议会议员。同年劝说吴佩孚停止内战，提议召开和平会议。会议失败后退隐家乡。不久，在胞弟张一鹏资助下，买下吴殿直巷32号住宅并迁居。他积极为桑梓谋福利，如与李根源组织吴县善人桥农村改进社，改良农业，兴办教育；与吴荫培等创设吴中保墓会，保护乡里文化遗迹；参与《吴县志》纂修，为总纂之一；参与地方名胜保全，发起成立中国红十字会吴县分会，创办吴县救济院盲哑学校；还倡议在苏州开辟体育场、图书馆、阅报室、植物园、蚕学馆、博物馆等社会文化教育场所，与李根源一起被称为“吴中二老”。1931年九一八事变后，建议创办《斗报周刊》，号召奋起救亡图存。1932年“一·二八”淞沪抗战爆发后，组织治安会，募集衣物、药品、食品慰劳前方将士。1937年参与营救“七君子”。八一三事变后，组织抗敌后援会，捐募军需，救护伤员，收容难民，并拟组建60岁以上的老子军，手订章程。同年11月苏州沦陷后，辗转到达重庆。1938年7月当选为国民参政会参政员。1943年10月24日因急性肺炎在重庆病逝，后归葬苏州城西穹窿山白马岭。著有《心太平室集》《现代兵事集》《古红梅阁笔记》。

潘镒芬（1893—1953）

字万玉，苏州人，出身于书香门第，大儒巷48号端善堂是他的祖宅和出生地。他早年就读于南洋公学，清宣统元年（1909）毕业于江苏铁路学堂测绘科，后受南通状元张謇之邀，去南通从事城市测绘工作。由于工作扎实，深得张謇器重，事毕，被推荐给山东黄河河务局，从此开始了他毕生从事的黄河治理事业。历任工程科技术员、工程科科长、上游分局局长、花园口堵口工程处处长、复堤工程局副局长、黄河水利工程总局副局长等职。

他注重汲取先辈的治水经验，并借鉴国外先进技术，在国内首次采用打桩抛石、逐层填筑的“平堵法”，并设计制造打桩机等，填补了中国水利工程技术的空白。1938年6月，国民党军队在郑州花园口炸毁河堤，黄淮之间一片汪洋。他受命于危难之间，赴花园口主持堵口大工程，终于在1947年4月20日，使口岸合拢，使黄河重回故道。

1948年冬天，他托病辞去黄河水利工程总局副局长之职，先在上海，后回到家乡苏州，住进大儒巷端善堂老屋。新中国成立后，黄河水利委员会曾派员请他回黄河水利委员会工作，后因病未能成行。病重期间，他叮嘱家属将所有治黄著作和水利资料全部献给政府。著有《关于秸埽之研究》《关于河工备考资料》《关于山东境内黄河历年决口的调查》等。

顾 颉 刚（1893—1980）

名诵坤，字铭坚，号颉刚，笔名余毅、诚吾等。居悬桥巷顾家花园。顾颉刚少聪慧，未能步行，就学识字；未能自食，已读《大学》；未能自衣，就诵《左传》。清光绪三十二年（1906）以第一名考入长元吴公立高等小学堂，两年后升入苏州公立第一中学堂，1920年毕业于北京大学哲学门。历任厦门大学、中山大学、燕京大学、北京大学、云南大学、齐鲁大学、中央大学、兰州大学、复旦大学、社会教育学院等十几所大学的教授、研究所主任及中央研究院院士。20世纪20年代初，提出“层累地造成中国古史”的观点，形成“古史辨”学派。1927年，创立民俗学会，次年与人合编《苏粤的婚丧》。先后于1964年和1971年主持《资治通鉴》和《二十四史》校点工作。著有《中国疆域沿革史》《尚书通检》《秦汉的方士和儒生》《三皇考》等。与谭其骧在北京创立禹贡学会，主办《禹贡》半月刊、《文史杂志》。晚年又潜心研究《尚书》。将长期收集积累的400余首吴中山歌编成《吴歌甲集》，对流传的孟姜女故事做了系统考证，并发表《孟姜女故事研究集》。

郭 绍 虞（1893—1984）

故居在大新桥巷12、13、20号。早年在蒙养义塾师从陆尹甫、陆雨庵读书，后来又在一所工业中学学习了两年，后因家庭经济困难而辍学。1914年，他到上海商务印书馆子弟小学任教。后来又到进步书局，参与编辑《历代文评注读本》《历代诗评注读本》。1919年，出版《中国体育史》。同年去了北京，一面为《晨报》撰稿，一面到北京大学哲学系旁听，并学习英、日、德三种外文。先后翻译了圣西门、傅立叶、拜伦、莎士比亚等名家的作品，还翻译了《马克思年表》刊载于《晨报》。1921年，由胡适、顾颉刚推荐，任福州协和大学国文系教授。1927年，到燕京大学任教，开始潜心于古典文学的学术研究。1934年出版《中国文学批评史》上册。他始终坚持中国知识分子的民族气节，拒不与日伪同流合污。日伪为了强迫他任教，将他关押两天。获释后，他在燕京大学上了“最后一课”，朗读了《诗经·黍离》：“知我者谓我心忧，不知我者谓我何求？”接着就携眷南下，先后到上海大夏大学、光华大学、同济大学等学校任教。20世纪40年代，除了完成《中国文学批评史》下册外，还出版了《语文通论》等学术著作。1949年上海解放后，他任复旦大学中文系主任。20世纪50年代末，完成《中国古典文学理论批评史》上册，同时还校释了《沧浪诗话》。1962年，主编了《中国历代文论选》。

叶圣陶（1894—1988）

名绍钧，号圣陶。生于悬桥巷一个平民家庭。5岁进私塾，清光绪三十二年（1906）进长元吴公立高等小学堂。一年后考入苏州公立第一中学堂（草桥中学）。1912年春，从草桥中学毕业后，到第三初等小学堂任教。1915年秋，到上海商务印书馆附设的尚公学校（小学）教国文。1917年春，到角直吴县县立第五高等小学任教。自编国文课本，选用白话文教材，创办生生农场等。1921年，与茅盾、郑振铎等人发起组织文学研究会，提倡“为人生”的文学观。1923年，进上海商务印书馆当编辑。先后在复旦大学、神州女学等校兼授新文学和国文。同年秋去福州大学任教半年。1928年，创作中国现代文学史上具有里程碑意义的长篇小说《倪焕之》。1931年初，叶圣陶辞去商务印书馆职务，到开明书店任编辑，主编《中学生文艺》《新少年》等刊物，编写国文课本和辅导读物。1938年1月抵重庆，在重庆巴蜀学校、中央戏剧学校、复旦大学任教。同年10月，在乐山武汉大学任教。1940年7月，在成都四川省教育厅任教育科学馆专门委员，并在齐鲁大学等校兼课。1942年8月起，主持开明书店编译所成都办事处工作。1946年2月，到上海任开明书店董事、协理，主持开明书店工作；参与主编《中国作家》，发起成立中国语文学会，新编了多种语文读本。

1949年9月，出席中国人民政治协商会议第一届全体会议。历任中央人民政府出版总署副署长兼编审局局长、教育部副部长兼人民教育出版社社长和总编辑、中国作协顾问、中央文史研究馆馆长等职。

钱伯煊（1895—1986）

生于姑打鼓巷，后居悬桥巷23、25号。幼时随嗣父名医钱益荪学习中医外科，16岁师从清代御医曹沧洲之子曹融甫兼习中医内外科。1918年起在苏州开业行医，20世纪40年代便成为苏州中医外科名医。1935年发起组织国医联合诊所，并被邀请到苏州国医专科学校讲学。新中国成立后曾任苏州市平江区人民代表，平江区人民委员会委员，第三、第四届全国人大代表，第五、第六届全国政协委员，第八届农工民主党中央委员会常委，第九届农工民主党中央委员会顾问，中华全国医学会妇科分会理事，中国中医研究院研究员和学术委员会委员，西苑医院妇科主任，《中医杂志》编委，《中医症状鉴别诊断学》编委会顾问，并获妇科专家称号。1986年8月17日在苏州寓所逝世。

钱伯煊从小酷爱医学，早年刻苦攻读《黄帝内经》《神农本草经》《伤寒论》等中医著作。在60余年的行医实践中，形成了独特的临床经验和学术思想。他擅长中医妇科，对妊娠中毒症、子宫肌瘤、不孕症、习惯性流产等疾病的诊治疗效显著。著作有《女科证治》《钱伯煊妇科医案》《女科方萃》《妇科常用中药》《脉诊浅说》等。中医研究院曾将其几十年的妇科临床经验整理保存，以用于临床治疗。

顾翼东（1903—1996）

名大荣，字翼东。生于甫桥西街辟疆小筑，后居大郎桥巷。顾翼东15岁从东吴大学附中跳级进入本科化学系，23岁就当上了东吴大学化学系教授。怀着科学救国的理想，他两次赴美留学，先后获得美国芝加哥大学硕士和博士学位。学成归国后，他一直执教于东吴大学。20世纪50年代，他转入复旦大学化学系任教授，一直到退休。

1958年，他就把其高祖顾沅手辑的有关苏州的重要文献《吴郡文编》246卷捐赠给苏州博物馆，之后又陆续把许多家藏文物捐赠给了故乡。他是中国稀有元素化学的奠基人，在多酸化学及钨金化学的研究领域中成绩尤为突出，为中国的钨金研究和开发做出了卓越的贡献。1980年，他当选为中国科学院化学部委员。1993年，上海市政府、复旦大学为他庆贺90华诞和执教70周年，表彰他对国家科研和教育事业做出的贡献。

顾廷龙（1904—1998）

字起潜，号匋誃。生于混堂巷。他从小跟外叔祖王同愈学书法，复窥金石碑帖之秘。1927年，考入上海南洋大学机械系。1928年，转学国民大学，从胡朴安等学习文字音韵训诂之学。1931年，毕业于上海持志大学，获文学学士学位，后考取燕京大学研究生院，专研古文字学。1932年，任燕京大学图书馆中文采访部主任，与顾颉刚合著《尚书文字合编》。1936年，兼任国立北平研究院史学研究所特约编辑。1939年，与张元济、叶景葵等在上海筹建私立合众图书馆（新中国成立后并入上海图书馆），任总干事。1947—1949年，任上海暨南大学、光华大学教授。1951年，任上海市历史文献图书馆馆长。1957年，任《中国古籍善本书目》

主编。1959年，主编《中国丛书综录》，任《辞海》编辑委员会编委、分科主编。1962年，任上海图书馆馆长。他还任华东师范大学兼职教授、上海市文物保管委员会委员、文化部国家文物鉴定委员会委员、《续修四库全书》主编。因主编《中国古籍善本书目》成就卓著，上海市政府授予记大功奖励。

在北京期间，常与顾颉刚、容庚、商承祚同研书法艺术，年逾九旬，犹能作擘窠大字和蝇头小楷。他为全国著名园林、文物古迹胜地以及书刊等题字不下千件，也曾为苏州园林胜迹和地方史志写了数量可观的匾额及题字。著有《吴愙斋先生年谱》《章氏四当斋藏书目》及《明代版本图录初编》（与潘承弼合编）等。书学著作有《古匋文孴录》《郁华阁金文跋》等。

潘丁达于（1906—2007）

原姓丁，住西花桥巷。父亲丁春之曾任山西定襄知县，辛亥革命后返回苏州投身实业。1923年嫁于潘承镜。潘承镜是潘祖荫嗣孙，婚后3个月就去世了，没有留下子嗣，潘丁达于立潘家懋为嗣子，延续香火。潘祖荫为京师的大收藏家，死后遗物由其弟潘祖年雇船十余只运回故乡。其间童仆乘机挟走，散佚甚多。他的收藏中有国宝大克鼎和大盂鼎。丈夫、祖父相继去世后，潘丁达于就挑起了掌管门户、守护家藏的重任。1951年7月，移居上海的潘丁达于在潘家懋、潘家华的支持下代表潘氏捐献两大鼎。10月9日，在上海市文物管理委员会举行潘氏捐献两鼎授奖典礼，颁发中央文化部褒奖状。1952年，上海博物馆开馆，两鼎入馆。1959年，中国历史博物馆（今中国国家博物馆）开馆，大盂鼎等125件珍贵文物应征北上。两件巨鼎自此各镇一方。大克鼎今收藏在上海博物馆，大盂鼎藏于中国国家博物馆。

1956—1959年，潘丁达于共捐献字画400余件。1980年，75岁高龄的潘丁达于被聘为上海市文史馆馆员。2002年，上海博物馆为答谢潘氏的捐赠，在苏州购赠了一套住宅。

张为申（1909—1966）

为仓街虹桥书香门第之后。祖父张是保，曾任江宁府上元县县学教谕、江南高等学堂监学。父亲张一爵毕业于江南陆师学堂，1912年被授予陆军少将军衔。张为申5岁时随家迁居北京。在北京读完小学后，被送往天津南开中学就读。1927年，考入清华大学化学系，1931年，进入清华研究院攻读研究生。次年转为清华大学化学系助教，1936年升聘为教员。1937年，随母校辗转南迁，先到长沙，而后到了昆明。1946年春，前往威斯康星大学，随生物化学系教授威廉·哈罗德·彼得森深造。1948年获得生化硕士学位，1950年获得博士学位。1951年2月，张为申带着导师赠送的新青霉素菌种回国，来到西北农学院任教，一年后借调北京生物制品研究所。先后完成了用棉籽饼粉代替玉米浆、用玉米粉代替乳糖的研究，奠定了具有中国特色的青霉素发酵工业的基础，因此闻名于国际学术界，被公认为“中国抗生素事业奠基人”。后来，他又先后主持研制成功国产土霉素、链霉素和红霉素。1958年10月，中国医学科学院抗菌素研究所正式成立，张为申成为第一任所长。1960年，半合成青霉素的研究在国外刚起步不久，他就组织开展了青霉素母核的结晶研制工作，并且在短期内取得了突破性进展，使中国的抗生素研制一举跨入了半合成时代。著有《抗生素研究现状与展望》等。

马骥良（1914—1988）

笔名唐纳，学名耀华，又名继宗，居胡厢使巷马家墙门大宅内。他自幼聪颖，先在私立树德初级中学读书，后转入省立苏州中学，与顾颉刚、叶圣陶、王伯祥、袁水拍（光楣）、胡绳（项志逖）等先后同窗。他满怀爱国热忱，积极参与进步话剧演出，秘密参加早先的共产主义青年团。1932年3月，中共苏州地下党遭重大破坏，在大搜捕中，他悄然来到上海，秘密寄宿在劳勃生路（现长寿路）、胶州路口的小姑母马振英家。经人介绍，进入上海大陆银行当练习生。同年暑期，考入圣约翰大学，成为大学生剧团中的活跃分子。当时，上海《晨报》副刊《每日电影》专栏，由苏州人姚苏凤主编。马骥良与苏州同窗、中共地下党员佘其越经常撰写满含激情的爱国文章，共用“唐纳”的笔名向《晨报》投稿，深得读者赞赏。不久，上海《申报》的《电影专刊》、《新闻报》的《艺海》、《大晚报》的《剪影》等影剧专评，都争相刊登其文章，“唐纳”之名誉满上海。后来，佘其越另用笔名“史枚”，放弃“唐纳”笔名，让马骥良专用。1949年渡江战役之前，唐纳离开当时工作的上海《文汇报》去了香港，最后远赴法国巴黎，易名马绍章，开始了长达近40年的海外游子生涯。1976年、1985年，唐纳两次回到苏州旧居。1988年，在巴黎逝世。

方嘉谟

苏州人。是当时苏州有名的西医专家。1925年毕业于上海同济医科大学。

1927年7月8日,《苏州明报》报道阊门苏台旅社有旅客患霍乱,吴县红十字会即在护龙街报恩寺成立第一临时时疫医院,方嘉谟等人为医务指导。1933年,方嘉谟在悬桥巷创办惠民医院,设病床30张,聘有医师4人,分设内、外、儿科,医务繁忙,收费低廉。1935年8月,吴县成立城厢防疫委员会,设3所临时防疫医院,方嘉谟义务提供悬桥巷惠民医院作为第一时疫医院,自任院长。翌年,方嘉谟提请辞职,聘博习医院蒋育英担任院长。1956年,苏州市平江区卫生所在卫道观前成立,方嘉谟任负责人。

文　汇

在前面各部类中，如街巷、河桥、园林、名人等，相关文献资料极为丰富，为此挑选其中较为经典的诗文汇总。以此文汇为基础，更好地体现各部类的历史文化内涵，犹如画龙点睛，彰显各部类的特色所在。本章所录依据成文时间排序，兼顾诗文诸体。

◇诗选

师子林即景（十四首）

[元]惟　则

鸟啼花落屋西东，柏子烟青芋火红。
人道我居城市里，我疑身在万山中。

万竿绿玉绕禅房，头角森森笋稚长。
坐起自携藤七尺，穿林络绎似巡堂。

素壁光摇眼倍明，隔帘风树弄新晴。
树根蛙鼓鸣残雨，恍惚南山水乐声。

指柏轩中六七僧，坐忘忽怪异香生。
推窗日色暖如火，薝卜花开雪一棚。

相君来扣少林宗，官从盈门隘不通。
散入凤亭深竹处，石林分坐绕飞虹。

半檐落日晒寒衣，一钵香羹野蕨肥。
春雨春烟二三子，水西原上种松归。

鸦鹊争巢似愤兵，怒鸣死斗乱纵横。
可怜踏坏桫椤树，满地落花无路行。

道人肩水灌畦蔬，托钵船归粟有余。
饱饭禅和无一事，绕池分食喂游鱼。

卧云室冷睡魔醒，残漏声声促五更。
一梦又如过一世，东方日出是来生。

西邻母鹤唳无休，鹤意吾知为主忧。
养得鹤成骑鹤去，扬州未必胜苏州。

灶儿深夜诵莲花，月度墙西桂影斜。
经罢辘轳声忽动，汲泉自试雨前茶。

林下禅关尽日开，放人来看卧龙梅。
山童莫厌门庭闹，不是爱闲人不来。

斜梅势压石阑干，花似垂头照影看。
白昼阴云天欲雪，半池星斗逼人寒。

雪深三尺闭紫荆，岁晚无心打葛藤。
立雪堂前人不见，秀云峰似白头僧。

（《吴都文粹续集》卷三十）

过师林兰若，如海上人索画，因写此图并为之诗

[元]倪 瓒

密竹鸟啼邃，清池云影闲。茗雪炉烟袅，松雨石苔斑。
心静境恒寂，何必居在山。穷途有行旅，日暮不知还。

（《师子林纪胜集》卷下）

师子林三十韵

[明]道 衍

上士栖禅地，精蓝故有名。胜逾林屋洞，奇冠阖闾城。
岌岌诸峰秀，青青万竹荣。室同图藻丽，地等布金平。
刹顶灵光集，幢阴瑞霭萦。梁飞晴蝀见，矿踞怒猊狞。
近悦罘罳拥，遥怜睥睨横。桂临经阁暝，蕉傍佛龛清。
井甃冰壶净，池开玉鉴明。钵俱龙伏卧，亭接凤来鸣。
昙萼还殊菊，频伽讵类莺。庭梅新着弹，轩柏老垂缨。
槲叶饮螺翠，榴英妒罽赪。露晨知蕙吐，日午觉葵倾。
涧馥丛生荔，渠阴树列柽。药栏蜂恣绕，藓砌蚁艰征。
风籁泠双径，天花雨两楹。炊香驯鸽恋，屧响睡庞警。
日下旛交影，云深磬一声。兰灯长际晓，莲漏不违更。
暖触松炀灶，清喧茗沸铛。篆烟重翳幌，镜月独悬甍。
僧出斋房净，童归化器盈。蝉号随梵奏，鹤舞逐经行。
暮境人廛过，忘形客倦迎。参时机较密，定处步宜轻。
疏阔缘方绝，孤高道始成。远闲思结社，潜醉愿投盟。
要适林中趣，应存物外情。会须来扫石，宴坐学无生。

（《师子林纪胜集》卷下）

复昭庆寺·调寄天仙子

[明]黄承圣

慨自名蓝当日废，算来百载沧桑异。庵居尚有石台存，芟乱竹，经营始，爰憩十围银杏树。　　三四衲僧携供具，佛火经声付照里。茶烟翠映竹间房，乘愿力，分明是，试看虞黄两碑记。

（《百城烟水》卷三）

重游卫道观

[明]申时行

青毡忆昔傍丹丘，此日重来胜地幽。
别去不知金灶冷，归来仍伴赤松游。
萤囊照夜看犹在，鹤驭乘云逝不留。
漫为朱颜求大药，且教白首卧沧洲。

（《百城烟水》卷三）

游师子林诗

[清]爱新觉罗·弘历

一树一峰入画意，几湾几曲远尘心。
法王善吼应如是，居士高踪宛可寻。
谁谓今时非昔日，端知城市有山林。
松风阁听松风谡，绝胜满街丝管音。

（《师子林纪胜续集》卷首）

奉命按察河南，旋调蜀臬，以病辞，侨寓吴门，葺城东旧圃，名曰耦园，落成纪事

[清]沈秉成

不隐山林隐朝市，草堂开傍阖闾城。
支窗独树春光锁，环砌微波晚涨生。
疏傅辞官非避世，阆仙学佛敢忘情。
卜邻恰喜平泉近，问字车常载酒迎。

和韵

[清]严永华

小歇才辞黄歇浦，得官不到锦官城。
旧家亭馆花先发，清梦池塘草自生。
绕膝双丁添乐事，齐眉一室结吟情。
永春广下春长在，应见蕉阴老鹤迎。

（《鲽砚庐联吟集》）

◇文选

师子林菩提正宗寺记

[元]欧阳玄

姑苏城中，有林曰师子，有寺曰菩提正宗，天如禅师维则之门人为其师创造者也。林有竹万个，竹下多怪石，有状如狻猊者，故名师子林。且师得法于普应国师中峰本公，中峰倡道天目山之师子岩，又以识其授受之源也。寺名菩提正宗者，帝师法旨请以是额也。其地本前代贵家别业。至正二年壬午，师之门人相率出资，买地结屋，以居其师，而择胜于斯焉。

因地之隆阜者，命之曰山。因山有石而崛起者，命之曰峰。曰含晖、曰吐月、曰立玉、曰昂霄者，皆峰也。其中最高，状如狻猊，是所谓师子峰。其膺有文，以识其名也。立玉峰之前，有旧屋遗址，容石磴，可坐六七人，即其地作栖凤亭。昂霄峰之前，因地洼下，浚为涧，作石梁跨之，曰小飞虹。他石或跂或蹲，状如狻猊者不一，林之名，亦以其多也。

寺左右前后，竹与石居地之大半，故作屋不多，然而崇佛之祠，止僧之舍，延宾之馆，香积之厨，出纳之所，悉如丛林规制。外门扁曰菩提兰若，安禅之室曰卧云，传法之堂曰立雪。庭旧有柏曰腾蛟，今曰指柏轩；有梅曰卧龙，今曰问梅阁。竹间结茅曰禅窝，即方丈也。上肖七佛，下施禅座，间列八镜，光相互摄，期以普利见闻者也。大概林之占胜，其位置虽出天成，其经营实由智巧。究其所以然，亦师之愿力所成就也。

师每说法，参问多至数百，随其悟解，开导诱掖，有所质疑，剖析至当，莫不虚往实归。至于安众，必择法器，不泛然以容，檀施与资，视师意向，亦不强委，师取供具，才足即止。诸行省平章，若河南之图鲁，江浙之道童，江西之买住，行宣政院使若岳叔木，肃政使者若普达、实立，稽颡问道，执弟子礼弥恭，旁观异之。师法施平等，官资崇庳，若罔知也。寺成之十三年，宜春比丘嗣谈，以临川比丘克立所撰事状来京师，谒余为记。余闻师之名，起敬日久，既摭其事状，述寺之胜概而记之。

其师子名义，则必有以复于其师与友也。古有师子音，佛有师子武，佛言：佛之威德能制诸魔也。又曰师子乳，一滴可迸驴乳百斛，言佛法之真，实能破诸妄也。又若文殊之学得于智，普贤之学得于行。智之勇猛精进莫师子若，故文殊之好，乐在师子；行之谨审静重莫象若，故普贤之好，乐在象。后之肖二菩萨者，以之莫诘所从也。今天目之所谓岩，姑苏之所谓林，其取义必居其一于是矣，岂独以山石肖貌言之乎？

虽然，物有禁格而后有伏降，有比拟而后有真赝。孰若物我两忘，形势俱泯，以师子还师子，以石还石，以林还林，然后佛自还佛，法自还法，菩萨自还菩萨哉！论至于是，师必有以警策其徒矣。余闻师所说法，不设崖险，不轻揄扬，不自陈衒，悟解缘由，以启学人，捷出蹊径。其为学平实缜密，鞭辟近里，一时诸方之乍见乍闻，而张磔旁午，未证未得，而棒喝生风者，闻师所言皆噤。故自中峰以来，临济一宗，化机局段为之一变焉。师旧多论述，有《楞严会解》若干卷，有《语录》《别录》《剩录》若干行于世，近乃一扫空言，不尚文字，于谈之请、立之状、余之记，能无绮于兹乎？师俗姓谭氏，吉安之永新人，江浙诸名山屡请主席，坚却不受。遁迹松江之九峰间，十有二年，道价日振，帝师与以佛心普济文慧大辩禅师之号，兼与金襕僧伽梨衣。

至正十四年甲午十月癸未，庐陵欧阳玄记。

《师子林记》成，老夫念欲自书。适抱病连月，弗克如愿。太朴楷法可尚，他日此文增重，亦幸事也。致意天如师，上石以拓本见寄。

欧阳玄顿首。

（《师子林纪胜集》卷上）

宝树园记

[清]李 雯

宝树园者，余友顾空五先生所构栖隐地，在吴郡临顿里之东偏，广不逾数亩，无层峰叠壑之奇，无广厦华堂之美，而洞石玲珑，云林掩映。至其地者，超然有城市山林之想，殆古人所云“会心不必在远，翳翳林木，鱼鸟自来亲人者”耶？

忆此园创始于明太学归湛初，颜其堂曰“米丈”，后为水部胡汝淳所得，易其堂为“洽隐山房”。甲申后，屡经兵燹，日就荒秽，先生贮买山钱购得。自弦歌里徙居其间，芟榛刈棘，种竹莳花，焕然复为名胜地。而余自华亭游吴门，尝至此园，故风晨月夕，得园中之趣者为多。顾自变迁以来，风景不殊，湖山顿异，黍离麦秀，触目生悲，不独金谷玉津，烟飞灰灭，即骚人逸士流浪天涯赋《无家别》者，不知几何人矣。而先生以前朝党人名振复社，乃能息心尘外，与一二名流俯仰其间，享诗酒林泉之乐，世事不知，浮沉莫问，非高尚其志者，何能若是哉？余既重先生之行，又爱先生之园，故执笔为记之。

（《吴门园墅文献》卷二）

小林屋记

[清]韩是升

余家世居陆墓，万历初，六世祖苏台府君始迁宫巷，有存诚斋、竹石居，著声明代。再由宫巷迁娄门，高王父黄岩府君分为二宅，曾王父贞文府君授居东宅，曾叔祖诵先公授居西宅，即今开云堂也。

申酉之际，土寇焚掠，宅成灰烬。值马、阮与复社构怨，曾王父名在党籍，尝忤阮，自度不免，偕顾孝靖先生天朗晦迹徐庄。顺治六年，复入城，购归氏废园为栖隐地。云壑幽邃，竹树苍凉，堂曰洽隐，往来觞咏，皆遗民逸士，龙门之游，甘陵之部，世艳称之。康熙丁亥春，弗戒于火，凡法书名画，与花亭月榭同付祖龙，存者惟东南半壁，奇峰秀石湮没于雨垣风栋间。先君子追溯钓游，不胜今昔盛衰之感。乾隆辛未，葺二楹于古石洞口，地不满十笏，积书供静玩，以娱晨夕，蒋丈蟠猗篆书“小林屋”三字额之。洞故仿包山林屋，石床神钲，玉柱金庭，无不毕具。历二百年，苔藓若封，烟云自吐，碧梧银杏，紫荆翠柏。春夏之交，浓阴蔽日，时雨初霁，岩乳欲滴，有水一泓，清可鉴物，嵌空架楼，吟眺姿适，游其中者，几莫辨为匠心之运，“石林万古不知署”岂虚语哉。越三载，先君即世，升与伯兄读书其中，俯仰流连，每念先贞文运丁阳九，流离播迁，先君鼎新未久，遽归道山，则此昆明片石，何莫非先灵呵护遗我子孙？抚嘉树而思遗泽，庶无忘黾勉，佑启后人，一丘一壑宁徒为游观之地耶？按郡邑志，园为归太学湛初所筑，台榭池石皆周丹泉布画。丹泉名秉忠，字时臣，精绘事，洵非凡手云。

（《国朝文汇》乙集卷三十七）

临顿新居图记

[清]石韫玉

苏城东北隅有临顿里，里中有銮驾巷，今人呼为钮家巷，即古之凤池乡也，有凤池园在焉。园初为顾氏别业，康熙间，故宗人府丞顾汧葺而新之，尝记其山池屋宇之盛，后其园入唐氏。既而唐氏子孙不能守，归于今尚书潘芝轩先生，尚书令子功甫绘为《临顿新居图》，徵予为之记。予披图而揽园之胜，清流绕屋，花竹交映，有亭翼然，背山面水，曰凤池亭。燕居之室，环拥图书，乔松如龙，亭亭霄霓之表，曰虬翠居。岑楼耸然，高出林表，芳华迎春，繁英如雪，曰梅花楼。楼下粉垣迤逦，修廊环之，曰凝香径。芳堤夹水，平桥通步，飞泉漱石，声如鸣玉，曰有瀑布声。幽房邃室，众喧不到，曰蓬壶小隐。泉出石间，味甘如醴，曰玉泉。兰寮东启，空明无碍，曰先得月处。枕水作屋，中贮法书名画，曰烟波画船。竹木交荫，万绿如海，曰绿荫榭。园之胜，大略尽于此。予尝观古今士大夫，志在荣观，系心华膴，尽其形寿，驰骋于名利之场，虽其家有园林池馆之盛，而终身不及一至者有之。功甫门第通华，芥拾科名，早登仕籍，职居禁近，方将致身青云之上，一日千里。而乃惟一丘一壑是爱，绘图征诗，一而再，再而三，此其中必有自得之趣，非夫流俗人所能知也。群公赋诗，斐然成章，因为小记，以附于后。

（《独学庐五稿》卷一）

松鳞义庄记

[清]陈　奂

道光十二年壬辰春三月，荥阳潘氏建立松鳞义庄于郡城之东偏。越二十余年，岁有增置。经定章程，详载规条中，既周且备，而未有庄记以志缘起。于是掌庄遵祁、希甫属奂为之记。曰：荥阳系出徽州大阜村。康熙间，候选主事其蔚公迁吴郡，分九派，数传至贡湖公。公生三子：容皋公、畏堂公、云浦公。父子兄弟俱膺一品封诰，高其庄门，颜之曰“光禄公祠”。盖庄之设也，由来旧矣。先是贡湖公授祭田，供祭祀，手书遗训，俟后人之赢，济族人之绌。容皋公暨理斋公为其长房之子若孙，恪奉遗训，欲仿范氏良规，厚宗赡族，累积之有年矣，顾有志而未及行。遵祁、希甫先后遭大父、父丧才逾冠耳，奋乎此举，捐田一千四亩，又造作庄屋一所。当是时，从兄曾沂设丰豫备荒仓，惠邻里乡党，而惠族之事，遵祁等必咨询焉，以请命芝轩相国。故云浦公支下捐二百亩，又畏堂公支下捐番银二千，资其费用；既复积租入之余，益置九百九十亩；贡湖公旧遗十六亩，亦归入庄，以原其所始，共田二千二百二十亩有奇。更为之遍告族党，汇修支谱。谱之与田，有相济然。承遗志、妥先灵、具豆笾、尽享祀，三房所共之。而经始成终者由长房，是故遵祁、希甫实掌庄务，世世后子孙其毋替。

奂昔馆于荥阳氏，容皋公优游在籍，理斋公色笑承欢膝下。奉《太上感应篇》为家塾课程，清晨令盥读。每叹曰：世途叵测，类皆蹇塞莫可为，为善最乐，东平王处家一言，其终身行之，可乎？而善之道广，要必本分之所当为，此义庄之举也，所以完吾人本分事也。周公燕兄弟而作《常棣》，召穆公合九族以歌之。其六章曰：兄弟既具，和乐且孺。其七章曰：兄弟既翕，和乐且湛。《传》曰：九族会曰和，若乃同姓从宗合族以食，老有终，幼有长，矜寡孤独废疾皆有养，嫁子娶妇皆有度，送敛营葬皆有制。以言乎善，善莫大焉；以言乎乐，乐莫甚焉，和之至也。荥阳氏厚宗赡族之意，蕴蓄既久，后起之贤，克光前型，如山之幽远，如涧之流长。松鳞义庄其继范氏而兴也夫。

咸丰三年癸丑秋九月，长洲陈奂谨撰并书。

（《松鳞义庄记》碑）

惠荫园八景小记

[清]阚凤楼

柳阴系舫

舫在忠烈祠后，左为桂苑，重楼峻宇，最整豁。由曲廊绕西侧，舫翼然背河临沼，题额出李筱川制府手。回廊曲岸，多植桃、柳、玫瑰、芭蕉之属。每茶烟午熟，卧短榻，闻鸣榔咿哑戛轧，履舄之下，直走涛声，芦竹之际，隐积花雾。溽暑开北窗，则又风露袭襟，羲皇恬梦矣。迎面作断桥，蹲石仰欹，“绿荫俯碧砌，抚掌引鲰鱼”，真不减戴文进红衣垂钓图也。故曰柳阴系舫。

松荫眠琴

由桂苑经鉴馨阁入云窦，石径深曲，苔青滑人。拾级登琴台，台左侧有老松，悬根石罅百年矣，虬拏空际，海风易秋，鳞裂半身，日色皆绿。由台左循回廊北迤，藏书楼最为幽静，每闻棋枰落子声与松子声相应。台下作石障，丛花杂果，缀欲破烟，春荫秋霁，碎若铺锦，鹤延趾以天高，蝉度枕而风谡。此间宜眠琴，亦宜憩月，姑择其韵者著之。

屏山听瀑

由琴台折而下，面北即石障，面西则攒石为峰，即琴台左侧老松托根处也。于石西作小榭，映隔玻璃，群峦濈濈然，若纳自牖，故曰一房山。房西面荷沼，一碧虚涵，群岚倒泻，萝牵青隔，苔湿阴迷。小坐留云，双眸豁翠，卧游听瀑，一枕先秋。昔宗少文作山水悬壁间，此则地辟半弓，嶂收千叠，真一抚操而众山响也。

林屋探奇

由琴台背面曲折侧身，穿重楼邃户，其楼回环数十楹，曰收云处，屈戍纡迎，云母迤隔。循级而下，松色纯绿，下荫曲池，石峰环皴，俯压危路。此小林屋洞外境也。大抵一院中，薜峭叠撑，棱笋怒茁，为云奇，为径曲，碧欲罅空，凉若雨泻。游至此，已快咏老杜“石角藤枝”句矣。又循横石桥，扪萝入洞，石乳倒结，其瑶华岩阴，若深其琼笈，危度如栈，水深足盘，空凌噤寒，人立影失，觅火再入，几不测神钲玉秘在几许幽折境也。游人至是，以碎石投渊中，辄洞然作响，若虚无底者。

藤崖伫月

出小林屋，石磴迤南有敞轩，当轩踞石作屈膝狮子状。石左右黄杨翠柏，皆百年前物。石中裂，有古藤如怒龙穿石而上，盘空夭娇，结荫碎落，背藤作高崖，崖侧古银杏一株，大可三四人合抱。大约树及藤为尤古，皆三百年外物也。登崖望城东一带，瓦鳞烟缕，隐现若织，近则虬身碎甲，片片紫英，鸭脚渍霜，寸寸秋色，衫履所染，香清翠深，胸次所豁，月白天远。尔时一笛呼秋，三影对契，丹桂荫若落裾袖，几不减陶隐居三层楼上矣。

荷岸观鱼

出小林屋，绕栏迤北，作荷池，左则一房山，西即碧环小舍也。

方塘半亩，碧鉴眉发，净莲百茎，红亚藻荇，得鸥鹭亲人，喜鱼鸟识面。移磁礅，坐垞外，语通微波，身翳凉翠，云水交荡，风露袭裾，是亦快境也。然而观水有术，知鱼之乐，奚知会心所期，濯缨之风未远，随人领取，又不仅以观鱼限濠濮也已。

石窦收云

循荷岸左行数十武，曰云窦。窦在琴台之背，即一房山石障各岩分支而别名者。林壑旷如，风气清若，苔痕阴渍，石骨高寒，曲折径行，烟软无质，参差衣碍，云搴有声，危铃语于檐端，瓮壑响于脚下。入此者，头头道通，宛宛面值，出则斜阳堕影，暮霭收林矣。

棕亭霁雪

玩雪景，最宜远旷，园林每苦无隙地，则棕亭尚已。棕亭在渔舫右角，矗立峰顶，曲磴回峦，丛林密筱，旧有额曰“爽挹西山”，盖极目则顾山蓉岭均鬟欹在望也，俯视烟火万家，接于栏楯，白塔巍然，与虎丘断塔影明灭斜阳烟际，天宇澄霁，帆出林阴，襟怀豁疏，鹤远空碧，此间足乐，宜作阮公长啸声。赏雪景于霁霭澈后，然当春水罫畦，秋月浣露，衣香林语，引绪触怀，小憩倚栏，会心处正又不在远也。

（《吴门逸乘》卷二）

敕建长元县学大成殿记

[清]卫荣光

光绪七年十一月壬子，江苏长元县学大成殿灾，护巡抚布政使谭钧培具以状闻。越年，右庶子刘廷枚复疏请筹建，制曰：可。属荣光由晋移抚三吴，檄提苏沪榷厘白金万两，将以庀材鸠工。谋之绅耆，佥谓阴阳家言，太岁在午，不宜役土工，重违其请，展至九年四月辛酉，荣光躬诣，相度规画，命有司督工匠诚敬将事，筑之削之，虽溽暑罔懈。十月辛未告成。基广百一十有三尺，直半之，循其旧也；檐二十有一尺，危倍半，高其旧也。粤自唐以来，天下郡邑学，通祀至圣先师，春秋上丁释奠。盖以盛德为生，民所未有，故其报享历久弥隆。夫学校者，王政之本也，释奠之礼，又学校之本，其敢一日废乎。考之志乘，明嘉靖间，始以宋之万寿寺为长洲学，国朝雍正三年，析设元和县，学校则与长洲共。洪杨之乱学毁，独殿岿然存。前岁火，迄未明所从来，守护不慎，咸罚如法。役既蒇，迎神奠焉，仪式从典，肄习以时。士之砥行砺学者，益务其进修，以致礼让之美，骎骎乎有洙泗遗风。上答圣天子崇道作人至意，此盖荣光之所企，而亦两邑士大夫之心也。是役縻银九千九百八十二两有奇，度支维绌，出之以其余，为修治尊经阁诸需，乃伐石以志之。江苏巡抚卫荣光谨记。

案：吴县学，凡三迁；长元县学，亦三迁。大抵以教育人才之地，规模不可不宏，制度不可不备。故自宋以来历代帝王无不隆视庙学，以寓重道尊师之意。兹因详考其沿革，以著于篇。

（民国《吴县志》卷二十六上·文庙）

重修师子林记

贝仁元

我吴园亭，沧浪最古，师林次之。顾沧浪建于子美，固在师林百余年以前，而规复于文瑛，实在师林百余年以后，是虽谓师林古于沧浪，亦奚不可。仁元世居茂苑，侨寓淞滨，市廛溷迹，非无鲈脍之思，林壑怡情，敢效菟裘之筑。戊午之岁，因事旋里，时固有建祠之议，胥宇度地，辄以询诸邑人，而旧家宅第，与夫荒墟故址，足以当我意而适于用者，殊不数觏。或有以师林告，曰是休宁黄氏之废园也，久而莫能售，迨至民元，始归玉峰李氏，拟修葺而未果，今待价可沽焉。仁元心识之。未几，晤李，举以询，慨然允诺。夫以数百余年荒芜之区。不越十稔，而一再易主，殆非事之偶然者耶。虽然园之废也，固无非荒榛蔓草，碎瓦颓垣，增后人之感喟。即其兴也，亦惟是画栋雕甍，名葩嘉卉，恣时人之游观。沧桑变幻，物理循环，了无足异。矧余以建筑祠宇，购觅基址，于园之或有或无，初不介意，又奚暇经营土木，以自取娱乐耶?

园之四傍多隙地，而东南隅为尤广，乃于其间建家祠焉。祠左有余址，复筑室若干楹，以为校舍。载阅寒暑，次第工竣。由是而斯园之荒秽残废，得从事于缮葺矣。园以山石著，故为吴中名胜之一。自有元至正以迄于今，中更两代，垂四百余禩，而诸峰如旧，丘壑依然，鲁殿灵光，若有呵护，师林之名，所以不致湮没者，惟此而已。至于车驾南巡，翠华临幸，当年盛迹，回首茫然。惟真趣御额暨御碑各一，虽剥落残缺，而宸翰犹存，谨即旧额而新之，悬诸厅事，仍曰真趣厅，别筑一亭，植碑其中，曰御碑亭，志圣迹也。旧有指柏轩、问梅阁、卧云室、立雪堂诸胜，悉循故址，重建新楹，复旧观也。此外，若堂，若庑，若楼台馆阁，以至亭榭池沼，凡今所布置者，皆随地点缀而已，不足数也。夫因袭陈旧，本无意匠之可言，况踵事增华，未能免俗，谬为记载，能勿惭惶。所冀庙貌常新，荐馨香于奕禩；弦歌不辍，宏教育于后人。俾区区初衷，得因兹胜地名园而贻诸久远，固所愿焉。不揣谫陋，爰为斯记，以申微旨云尔。

民国十四年岁在乙丑三月上浣，吴县贝仁元识。新安铁生朱炼书。

（狮子林燕誉堂屏刻）

重修耦园记

周退密

东南旧称文物之邦，风流所被，及于湖山园林之胜。吴宫花草尚矣，园之存于今者，若沧浪、若网师、若拙政，远则千年，近亦历数百年，沧桑频仍，而姑苏人士护持不坠，兴废之迹，斑斑可考。耦园者，清安徽巡抚归安沈秉成仲复之别业也。当光绪初元，仲复辞官勇退，得清初保宁太守陆锦之涉园而扩之，使成今日之规模。仲复与夫人桐乡严永华偕隐，因名之曰“耦园”。入斯园者，无不知有“耦园住佳耦，城曲筑诗城”之联语。亦以是想见当日林下优游，伉俪唱和之乐。他若宾客之盛，文宴之欢，鲽砚庐收藏之美富，尤为世所乐道。其宅居之东西两侧，各有一园，特具结构，唐人诗咏“东园载酒西园醉”，尤为耦园之双重意义。其东园有城曲草堂、补读旧书楼、听橹楼，西园有织帘老屋、还砚斋、水木明瑟，楼阁掩映，殆于诸园中别具一格。先师沈祖德迈士先生，世德清芬，画苑名家，实为仲复公之冢孙。童年读书园中之储香馆，为之授读者，其表伯仁和吴昌绶伯宛。伯宛固词人，其《双照楼丛书》选刻精美，为世称道。楼在东园城曲草堂东，轩窗三面，登此楼也，可远眺，可近瞰，盖为全园之一大胜处也。当词坛盟主朱祖谋疆村自广东学政解组归，曾借住西园之织帘老屋，有《忆西园池上红梅·六幺令》《别西园作·清平乐》诸词可证。他如《西园载酒咏枇杷·红林檎近》词，眷念之情，跃然楮墨。北海郑文焯叔问，亦倚声名家，流寓吴门，常至斯园与主人剪烛话旧，夜深则留宿园中。其为叔问词集任镌刻之赀者，即吾师迈士之父瑞琳字砚传也。数君子者，皆先师髫年所得而奉手加敬者，晚年犹时时为余述之，流风遗韵，恍若可接。游斯园也，辄不胜见贤思齐之念矣。建国以还，百废俱举，政府为保存古迹，重修耦园，不使废圮，兹者耦园又获重修，焕然一新。一九六三年起被列为苏州市文物保护单位，永为人民憩息游观之所，洵明时之盛举，安得无以记之哉。苏州市人民政府以重修耦园记相属，爰述一己之旧闻，以谂来者。

（《苏州胜迹重修记》）

参考书目

《吴地记》，唐陆广微撰
《吴郡图经续记》，宋朱长文撰
《吴郡志》，宋范成大撰
《续资治通鉴长编》，宋李焘撰
《宋史》，元脱脱等撰
《宋史纪事本末》，明陈邦瞻撰
《苏州府志》，明卢熊著
《姑苏志》，明王鏊撰
《续资治通鉴》，清毕沅撰
《苏州府志》，清沈世奕、缪彤纂
《苏州府志》，清习寯等纂
《苏州府志》，清冯桂芬撰
《长洲县志》，清顾诒禄等撰
《吴郡名贤图传赞》，清顾沅撰
《吴门表隐》，清顾震涛撰
《江南通志》，清赵弘恩等监修
《红兰逸乘》，清张紫琳撰
《吴县志》，民国曹允源等纂
《吴门坊巷待辅吟》，民国范广宪著
《苏州古城地图》
《苏州史志笔记》，顾颉刚著
《苏州园林历代文钞》，王稼句编注
《宋平江城坊考》，王謇撰

《苏州状元》，李嘉球著
《诗经全译》，袁愈荌译诗、唐莫尧注释
《苏州古城·平江历史街区》，袁以新主编
《明清以来苏州社会史碑刻集》，王国平、唐力行主编
《苏州平江历史文化街区管理和发展研究》，顾秀梅、胡金华著
《江苏史纲（古代卷）》，《江苏史纲》课题组著
《苏州市志》，苏州市地方志编纂委员会编
《平江区志》，苏州市平江区地方志编纂委员会编
《狮子林志》，苏州市园林和绿化管理局编
《耦园志》，苏州市园林和绿化管理局编
《东园志　枫桥景区志》，苏州市园林和绿化管理局编
《苏州教育志》，苏州市教育局《苏州教育志》编纂组编
《古韵今风平江录》，姑苏区平江街道编

后记

习近平总书记强调:“历史文化是城市的灵魂,要像爱惜自己的生命一样保护好城市历史文化遗产。”苏州是全国首批24座历史文化名城之一,历届市委、市政府高度重视古城保护工作,先后做出了一系列重大决策部署。作为属地政府,保护区、姑苏区坚持将苏州古城放在中华文明上下五千年、中华民族伟大复兴进程中定位,聚焦“面向世界贡献古城保护的苏州方案”,不断将古城保护更新发展事业推向前进。

一条平江路,半座姑苏城。作为全国首批历史文化名街,平江路基本延续了宋代以来的城坊格局和“水陆并行,河街相邻”的独特风貌,堪称苏州古城的缩影、整体保护的典范。一直以来,与平江路相关的作品不胜枚举,但始终没有一部全面记述其历史与现状的官方志书。在这一背景下,编修出版《平江路志》显得尤为迫切。

2020年5月27日,《平江路志》编纂工作座谈会召开,编纂工作正式启动。成立《平江路志》编纂委员会作为组织领导机构,由苏州市地方志编纂委员会办公室指导,姑苏区档案馆(地方志办公室)组织落实,《平江路志》编辑部具体负责,商定编写计划和序时进度,向保护区、姑苏区有关部门征集资料,有序编写志书。2020年12月,志稿初步形成,苏州市地方志编纂委员会办公室和姑苏区档案馆(地方志办公室)分头审阅。编纂期间,多次邀集专家评审,根据专家意见和建议修改完善。

经过三年的努力,《平江路志》即将出版发行。全书包括平江史略、保护更新、街巷里弄、河道桥梁、园林、名人故居、会馆寺庙、博物馆、学校书店、市肆商家、人物传记、文汇12个篇章,志首设序、凡例,志末设参考书目、后记,配有精美图片、手绘地图和视频资料(可以通过手机扫描书中二维码观看),是一本新型志书。

《平江路志》作为首部特色名街志,编纂过程中面临诸多新情况、新问题、新挑战,并无先例可循。能够顺利完成编纂,离不开市、区领导的关心支